朱晓剑 著

在希望的田野上逐梦

ZAI XIWANG
DE TIANYE SHANG
ZHUMENG

河海大学出版社
HOHAI UNIVERSITY PRESS
·南京·

图书在版编目（CIP）数据

在希望的田野上逐梦 / 朱晓剑著. -- 南京 : 河海大学出版社, 2023.12
　　ISBN 978-7-5630-8397-8

　Ⅰ.①在… Ⅱ.①朱… Ⅲ.①农村-社会主义建设-研究-四川 Ⅳ.①F327.71

中国国家版本馆CIP数据核字(2023)第196317号

书　　名 /	在希望的田野上逐梦
	ZAI XIWANG DE TIANYE SHANG ZHUMENG
书　　号 /	ISBN 978-7-5630-8397-8
责任编辑 /	毛积孝
特约编辑 /	张嘉彦
特约校对 /	王春兰
装帧设计 /	谢蔓玉
出版发行 /	河海大学出版社
地　　址 /	南京市西康路1号（邮编：210098）
电　　话 /	（025）83737852（总编室）
	（025）83722833（营销部）
经　　销 /	全国新华书店
印　　刷 /	三河市元兴印务有限公司
开　　本 /	880毫米×1230毫米　1/32
印　　张 /	6.125
字　　数 /	146千字
版　　次 /	2023年12月第1版
印　　次 /	2023年12月第1次印刷
定　　价 /	59.80元

爱与希望
让乡村变得更和美
　　　　　朱晓剑

自序

在城市里居住久了，就有些不接地气的感觉。于是，只要有闲暇时间，我就爱往乡村跑：在那里与自然相处，与山川河流共呼吸，品尝难得的乡村风味。成都周边的乡村，我去过的不少，有一些给我深刻印象。乡村早已不再是落伍的面貌（这得益于脱贫攻坚的顺利完成），村落的建筑、道路也都有了新气象。更为重要的是，乡村也开始重视文化的传承。2020年，我就接到四川多个村庄的邀约，撰写村志或者村史，这让我觉得很新奇，乡村文化值得这样挖掘吗？但仔细一想，却也让我有兴趣去探索乡村发展的奥秘，那些传统的乡村风物在今天已逐渐消逝，然而乡村风景并未颓败，而是展现出新的面貌来。

十多年前，我就一直在计划为我出生的村庄写一部书，这是中国大地上百万个村庄当中最为寻常的一个，甚至没有名人，故事也不是特别丰富。但每个村庄都有自己独特的历史文化，正是凭借着这个理由，我断断续续地书写着，然而，这本书能完成到哪一种程度，对我来说，也还是未知数。同时，我也在想，寻常的村庄，因为有了记录，可能就会因此与众不同。这也让我想起有位作家所说的："爱她就为她写一部书。"今天来看，我出生的那个村庄已经发生了许多新变化，值得书写之处也还是有多重可能性。

中国现有村庄200多万个，但随着城镇化的加速，不少村庄也在逐渐消失。每一个村庄，在某种程度上，都有可能是中国乡村的缩影。梁鸿的梁庄是这样，更多的乡村也同样如此。在今天，谈乡村振兴是更为流行的话题，但乡村振兴应该怎样做，还是需要思考更多的问题。毕竟每一个村庄面临的生产环境、历史文化等因素各有差异。故而，乡村振兴可能有一个基本的发展模式，但却没有统一的"标配"，差异化注定了乡村振兴这条路变成了"八仙过海，各显神通"，内容也就极其丰富多样。

之所以对乡村有这样的印象，跟我这些年的阅读经历有关。关注更多名不见经传的小地方，或许更能反映出当下乡村的价值。因此，我将目光聚焦在那些小众、关注小地方的读物上。在这些读物中，我看到了形形色色的村庄记录，它们看似微小，却是新时代的宏大叙事的落脚点，也是最为接地气的地方。

就这样，我先是接触到乡村阅读，继而接触到公务员到乡村做乡创事业，诸如此类的事看到了很多，让我很好奇，乡村生活在今天居然有那么大的魔力？确实，不管我们在城市里、生活里多么美好，也总会时不时想起田间地头的日常。那一种朴素的乡土气息，让人念念不忘。

如果我们研究乡村的变迁史，不难发现，乡创在今天是乡村振兴中最受欢迎的路径。

那么，何为乡创？研究乡创的专家王旭在《一起去乡创》一书里说："我们谈了十几年乡建（乡村建设），那么何为乡创，是乡村创客，乡村创业，乡村创新？还是乡村文创？可能来自不同领域的朋友都会给出不同的答案，而我们看到的共性则是，与传统乡建对硬件与物理空间的关注不同，乡创的本质是基于对内容（业态），对人（创客，包含艺术家、文创达人、新媒体人、民宿主人、亲子教育老师、户外运动达人、农产品创新者、互联网社群达人等多种类型），对于乡村的软件的关注，是一种聚合并筛选群体智慧，并为之赋形的自下而上的生长模式。"

当下轰轰烈烈的乡村振兴，是继脱贫攻坚之后乡村再次发生的变革，或许我们所了解的并不是那么多，至少对我而言，还需要更多的思考才能更好地解读。当然，许多专家对这一场运动有着不同的评判，对作家来说，也需要更多的视角去观察，才能记录下这些变革。

与王旭所理解的乡创不同，在成都的三加二乡创联盟看来，这乡创，是乡村创新、创意、创业的意思，"乡创产业发展是贯彻落实中央精神，实现乡村振兴的必然趋势，是落实功能定位、推动绿色发展的重要载体，也是实现富裕充足、增进百姓福祉的客观需要。乡创是建设大美乡村的升级版，乡创的核心是经营乡村，即依托乡村优质资源与国家支持政策，大力推动乡村产业创业、跨界融合、创意发展，重构乡村发展体系，实现乡村可持续发展。"

这与十九大报告中所提出的乡村振兴20字方针（产业兴旺、生态宜居、乡风文明、治理有效、生活富裕）有着多重融合，让我们看到乡村振兴的新路径。

乡村，在今天也有了新概念。中共中央、国务院印发的《乡村振兴战略规划（2018—2022年）》给予"乡村"一词的定义是："乡村是具有自然、社会、经济特征的地域综合体，兼具生产、生活、生态、文化等多重功能，与城镇互促互进、共生共存，共同构成人类活动的主要空间。"

2017年，四川大学人类学团队与三加二读书荟合作，联手创办了扎根实地的"乡村研究院"，呼吁发掘乡民传承的本土知识，强调内外结合的田野实践与学术话语的"在地化"，诚然，这是对乡村振兴认识的再出发，因此，也被业界称为是"其中一朵别有风韵的花朵"。

他们的具体做法在这场运动中具有典型性。也让我深刻地认识到，关于乡村的书写，不应该停留在乡愁的层面，更应该看到这场运动中的典型案例。虽然最终结果还没有完全呈现，但我们从这里似乎可以预见乡村的未来。

　　文化振兴，是乡村振兴的"根"与"魂"。通过乡创为乡村注入活力，将乡村优秀的传统文化传承下来，这无疑是对乡村振兴的助力，同时也吸引更多的人才走进乡村、扎根乡村，让乡村变得更美丽、宜居，有活力，这才是乡村的未来之路。

　　自从我接触了乡创概念之后，多次走进众多的乡创现场，并进行观察、采访，在这个过程中，我渐渐地认识到，有必要通过记录的方式呈现这一场波澜壮阔的乡村创新活动。这一次，《在希望的田野上逐梦》这本书，通过不同的案例来书写、记录这场运动中的人与事。他们具体而微的做法，看似琐细，却正是乡村振兴迈向和美乡村的探索之路。

二〇二二年五月一日

目录

第一章 >>>
概念篇

003	乡村建设
006	乡村振兴
009	乡贤
011	乡创
013	"113+3"操盘
015	导师
017	操盘手
019	乡村设计师
021	乡村社工师
022	合作社孵化师
023	助理

目录

第二章 >>>
人物篇

- 027　乡创操盘手徐耘
- 032　专注于乡村营造的梁冰
- 037　邓淙源：从乡村阅读到乡村营造
- 042　双丽：返乡做乡创的女能人
- 047　乡贤刘应默修志书
- 052　挖掘乡村文化的吴志维
- 057　扎根箭塔村的小伍
- 062　乡村作家卢树盈

第三章 >>>
故事篇

- 069　乡村建设在成都
- 082　明月村实验
- 090　斜源小镇的"出圈"
- 095　晏家坝的春天
- 106　走进弥渡古城村
- 113　天台山风景

目录

第四章 >>>	129	民宿主义
综合篇	138	新社区营造
	144	陪伴与共生
	149	村庄的出路
	155	和美乡村
	163	**附录 阅读乡村**
	178	**后记**

第一章 概念篇

2019年，写完《铸魂：百年乡村阅读》之后，还是想着有机会写一下乡村的内容。若还是写脱贫攻坚的故事，很难写出新意，何况脱贫攻坚已经完成，开启了乡村振兴的新征程。那么，在这个新征程中，写作者又该如何去记录？我多次参加乡村的采风活动，看看各地的乡村风貌，有许多感慨，也有许多发现，但大多是零碎的印象，这样片段式的印象，是乡村振兴中的"点"，还需一条线来串联，直到我在三加二读书荟参加活动时，发现"乡创"是一个切合点。

"乡村振兴是巩固脱贫攻坚的成果。"有这样一种说法，但我感觉到也不能完全这么说。那时候，成都周边的一些乡村如蒲江的明月村、崇州的五星村、郫都的战旗村等等已经开始试点。我也有几位朋友在乡村上担任职务，从他们的眼里看乡村振兴，也是各有风景。但要写乡村振兴，从哪个角度切入，还是一个疑问。我为此思考了许久，直到2022年的春天，才确定这本书的主题为乡创。以小切口看乡村振兴过程的难与易，也是一个方向。

不过，要弄清楚乡村振兴的来龙去脉，就需要对乡村的发展史有所了解。尤其是关于乡村发展的诸多概念，需要厘清。所以，在写这本书时，我就先通过各种渠道去了解乡村的变迁情况，以及相关的概念。

这个过程有点儿复杂，但也还是很有意思。好在我家旁边就是天府人文艺术图书馆，我时不时去图书馆，在这样那样的图书之间穿梭，寻找乡村建设的线索。尤其是在论述乡村建设时，许多学者的目光聚焦于晏阳初、梁漱溟、卢作孚等人身上，对于四川的乡村建设情况，虽有记录，却还不成规模，但翻阅各种资料时，我也留意到四川有一批人也在做着这一块的工作。何况晏阳初、卢作孚都是四川人，故而在他们的带动下，四川的乡村建设也还是有所推动，只是没有取得更大的成绩罢了。

乡村建设是一场试验。对今天的乡村振兴来说，也还是有许多可供借鉴之处。最初，我计划把这本书写成乡创辞典，但考虑到可行性，就进行了调整。但还是先回顾历史，从历史中走来，写乡村振兴。

确实，梳理乡村的变迁，也就是向乡村学习的过程。前几年，我有意无意地买了一些成都地区的乡镇志书，乡村的一些变迁，在宏大叙事的历史中，可能具体到乡村，就显得琐碎了。然而，在乡镇看来却是大事记。因此，这些文献与资料给我提供了许多帮助。

但这不是一部回望乡村建设到乡村振兴的书，而是侧重于当下的乡创。所以，这里也对乡创的些许概念进行了梳理，从这些内容上看，也就明晰了乡村振兴的历史评价。

乡村建设

追寻乡村振兴的历史，往前，可追溯到民国时代的乡村建设。这一场运动轰轰烈烈，影响深远。李满星在《民国时期的乡村建设运动》一文里这样评价：

20世纪20年代至40年代，美国名校毕业的晏阳初在内忧外患的中国腹地引领、实施平民教育，不仅大批海归和学者跟随投身其中，且陶行知、梁漱溟、卢作孚等人皆受其感染和启发，也从东到西践行"上山下乡"，分头实施乡村建设试验，复兴濒临崩溃的中国乡村。这四位知识分子，领头合力推进的乡村建设实验，不仅为挽救面临溃败的乡村社会立功甚巨，还为中华民族夺取抗战的全面胜利奠定了坚实的政治、社会、经济基础，被认为是"中国农村社会发展史上一次十分重要的社会活动"而载入史册。

在谈论乡村建设时，四川似乎总是有意无意被忽略掉了。但乡村建设的领导者当中，晏阳初、卢作孚、傅葆琛等都是四川人，可以说，他们开了乡村建设风气之先。

我们不妨来看看这三位乡村建设者的经历：

晏阳初（1890—1990），别名晏遇春，四川巴中人，中国平民教育家和乡村建设家。1923至1949年长期担任中华平民教育促进会总会总干事。1926年在河北定县（今定州市）开始乡村平民教育实验。1940年至1949年在重庆歇马镇（今歇马街道）创办中国乡村建设育才院（后名乡村建设学院）并任院长，组织开展华西乡村建设实验。1943年与爱因斯坦一起被评为"现代世界具有革命性贡献的十大伟人"之一。1950年离开中国台湾地区赴美国，在世界范围推广平民教育运动，被誉称为"世界平民教育之父"，受聘联合国终身顾问。

卢作孚（1893—1952），原名卢魁先，别名卢思，四川合川（今重庆市合川）人，近代著名爱国实业家、教育家、社会活动家；民生公司创始人、中国航运业先驱，被誉为"中国船王""北碚之父"。1927年2月15日，卢作孚决心以北碚为中心，开展乡村建设运动。他将原来以农业生产和传统商业为主要生产方式的乡场，改建为"生产的区域、文化的区域、游览的区域"，倡导乡村现代化，并以"皆清洁、皆美丽、皆可居住、皆可游览、皆有现代化生活设施"为建设主旨，依靠现代化的设施、生产和管理，改变乡村贫穷落后、经济凋敝的现状。而这一切始于良好的城市建设规划。1930年初，卢作孚把自己在北碚试验中的经验和思考写成题为《乡村建设》的长文，在北碚《嘉陵江报》上发表。这是迄今为止我们所能够看到的20世纪二三十年代乡村改造运动中第一次明确使用"乡村建设"提法并对该问题进行系统阐述的文章。

傅葆琛（1893—1984），字毅生，四川省双流县永安乡（今双流区永安镇）人，出生于书香世家，父亲傅世炜是清朝翰林，也是晚清知名的一位教育人士。1916年毕业于清华大学，留学美国俄勒冈大学、耶鲁大学和康奈尔大学，获"乡村教育"博士学位。抗战爆发后傅葆琛回到四川，从1937年起，他先后担任四川大学教授、华西协合大学教育系主任、乡村建设系主任兼文学院院长等职，讲授乡村建设概论、乡村教育、乡村建设理论、乡村民间读物问题等课程，培养乡村建设人才。

倘若我们仔细观察民国时期的乡村建设，不难发现，这是由乡村教育到乡村建设的过程。在成都的周边如新都建立新都实验县，卓有成效地开展了乡村建设，在温江县，同样开展了如火如荼的乡村建设。同时，在华西协合大学里也有乡村建设相关的课程，该校更是创办了《华西乡建》杂志，推动了四川乡村建设的发展。

乡村振兴

在某种程度上,乡村振兴与乡村建设有着共性,也有着时代性。相较于民国时期的乡村建设,今天的乡村振兴所要取得的成效,就在于乡村复兴。乡村复兴,不是要把乡村回归到传统农耕时期的乡村,而是建设具有现代发展意识的新型乡村。

两者还具有继承与发展的关系。这正如习近平总书记所说的那样:"我在河北正定县工作时,对晏阳初的试验就作了深入了解。晏阳初在乡村开办平民学校、推广合作组织、创建实验农场、传授农业科技、改良动植物品种、改善公共卫生等,取得了一些积极效果。"

晏阳初的乡村建设理念在今天同样适用,不只是如此,还有新的方向与变化,即把乡村打造成美丽乡村。

如果要追踪乡村振兴战略的历史的话,时间可以追溯到2017年10月,习近平总书记在党的十九大报告中提出这一战略思想。十九大报告指出,农业农村农民问题是关系国计民生的根本性问题,必须始终把解决好"三农"问题作为全党工作的重中之重,实施乡村振兴战略。

与此前的乡村建设相比,今天所提出的乡村振兴更具系统性,不管是顶层设计,还是具体操作,不再是社会组织所能解决的问题,而是从更宽泛的意义上实现乡村的现代化转变，其内容包括产业振兴、人才振兴、文化振兴、生态振兴、组织振兴等"五大振兴"。

中国第一部直接以"乡村振兴"命名的法律《中华人民共和国乡村振兴促进法》于2021年6月1日正式施行，从此，我国促进乡村振兴有法可依。至此，乡村振兴在中国大地上如火如荼地展开，绘制出了一幅幅美丽、动人的画卷。

如果我们追溯四川在乡村建设方面的历史，不难看到，晏阳初、卢作孚、傅葆琛等人都是四川人。此外，在乡村建设理念上，虽然大家从事的都是乡村建设，但在具体选择与路径方面略有差异。梁漱溟的乡村改造哲学以儒家思想为主导。晏阳初、傅葆琛所推崇的是"教育乡建"。卢作孚的乡村建设实验，其所要实现的目标是"乡村现代化"："目的不只是乡村教育方面，如何去改善或推进这乡村的教育事业；也不只是在救济方面，如何去救济这乡村里的穷困或灾变"，而是要"赶快将这一个乡村现代化起来"以供中国"小至乡村，大至国家的经营参考"。而这些无疑都在今天的乡村振兴中有所反映。

对于乡村建设，梁漱溟曾说："乡村建设实非建设乡村，而意在整个中国社会之建设，实乃吾民族社会重建一新组织构造之运动。"

今天的乡村振兴，并不是凭空生造出来的概念，那么，如何在前人的经验教育中获得借鉴？正如西南大学中国乡村建设学院原副院长张兰英所说，在当前我国进行的城乡统筹、生态文明与新农村建设方面，我们应该更加积极地从历史中借鉴经验、吸取教训和认清现实，建立对传统文化价值的认可与自信，在构建当今中国社会的良性治理机制，实现城乡一体化、全民富庶的过程中扬长避短，在前人已走过的"乡村建设"之路上大胆尝试，不断探索。

当我们弄清楚了乡村建设与乡村振兴，也就明白了今天的乡村所处的变革，正是在"百年未有之大变局"之中。这种变，既有时代需求，也反映了中国在新时代的大背景下对乡村的真正反哺。

乡贤

人才,在乡村振兴的过程中是关键,其中就包括中国共产党党员和乡贤。"乡贤"这个词早在东汉就有了。在传统时代,他们也被认同为对乡里公共事务有所贡献的人。他们也是古代中国乡村社会建设、乡里公共事务处理的主导力量。在乡村振兴的路上,乡贤所作的贡献也很多,他们在乡村振兴中的社会治理方面发挥着带头作用。

近年来,媒体在大力推动乡贤文化。从中共中央来看,其对乡贤也有所瞩目。2015年,"创新乡贤文化"被写入了中央一号文件;2016年1月,中共中央一号文件将乡贤文化列入深化农村精神文明建设内容中。从政府层面上来讲,引导发挥好乡贤在乡村振兴、基层治理中的作用,可以凝聚乡村向心力,解决乡村振兴中的人才、资金、信息紧缺等问题。另外,乡贤参与乡村治理,成了有序的、正向的力量。

同时,也有地区在探索"乡贤+"模式,让乡贤人士勇当乡村振兴中理论精神的"生力军"、方针政策的"解说员"、矛盾纠纷的"调解员"、核心价值观的"示范员"、思想行动的"引领者"、乡风文明建设的"实践者"。

就成都的乡贤而言,他们同样有着不可替代的作用。尤其是在做乡创项目时，乡贤们所发挥的作用更大。在我认识的乡贤里，他们在不同的岗位上工作，力求通过自己的努力让乡村有所改变。这样的努力，与当下乡村发展的人才需求是切合的。

乡创

2020年,我在关注乡村阅读之时,也在关注着乡村的新变化。乡村实现了脱贫攻坚之后,又该如何发展?有一次,我在大邑县新场古镇与徐耘老师交流时,他告诉我说,三加二读书荟已经变成"公益+乡创",并提出了温暖乡村、陪伴乡村和创意乡村的概念。比起单纯在乡村做阅读推广,这确实有更大的发展空间。

那以后,虽然我很少和徐耘老师碰面,却一直在关注他们的工作。随后,"三加二"成立了"乡创联盟",整合农旅资源,以"产业+"、产业融合助力乡村振兴。这是以第三方服务平台的方式出现,是"一种新的组织构架和生态链"。在我的了解中,却时不时与乡建相比较,期望能通过这样的观察,来看看乡村振兴中的新兴力量。

成都三加二乡创联盟编辑的《乡创研究》,是一本内部读物,"从实践出发,以操盘人为核心,研究政策、系统、产业、社区营造、合作社、市民下乡、金融下乡等,在实践中再验证,走出一条'实践—研究—实践'的求实之路,希望在产业融合和城乡融合上有所创新,有所贡献"。

何为乡创?《乡创研究》认为是"乡村创新、创意、创业"。那么,在国内是不是有类似的案例出现呢？然而，我通过查阅一些资料发现，人们对于乡创的理解，有着巨大的差异。有的说是发展了乡村旅游，搞一搞民宿，就是乡创了。很显然，并不是所有的乡村都适合这样做，乡村是千村千面，地理环境、交通区位、产业特色等等都有很大的不同，如何才能把握住这个特色，走可持续发展的路子，无疑是一个值得思考的问题。也许乡创可改变这样的状况。

不过，现在的第三方服务平台，与民国时的乡村建设组织一样，虽有灵动性，却也受现实环境的影响。如果没有政府部门的持续支持，乡村就无法走上更宽、更广的路子。结果呢？乡村即便是环境变得美丽，却也难以说是最美乡村了。

乡创，在今天越来越受到关注的同时，在路径、方法等方面都有了新探索。这或许才是解决乡村未来发展之路的关键。

"113+3"操盘

在乡村发展的历程中,有不同的模式出现。不管是哪一种模式,都需因地制宜,与当地的实际情况相结合,这才能让乡村持续走向发展之路。这一过程,是不断完善、丰富的过程。

三加二乡创联盟成立之后,逐渐提出了"113+3"乡创操盘服务模式,这是在实践中逐步形成和完善的一种第三方创新型和实操型专业服务,完整模式可概括为:党建引领、政府主导、农民与农业合作社为主体、市场化运作、专业操盘的乡创运管体系。其中操盘人处于重要地位,负责联系政府,沟通机构,帮助农户,可谓是"重中之重"。一些地方政府已发出了购买操盘服务的强烈呼声。

"113+3"乡创操盘服务在每个项目中都要为当地带出三名骨干,留下三颗种子,专注于乡村振兴事业。这种"授人以渔"的方式受到了地方政府的欢迎。"113+3"乡创操盘服务是从实操出发,让策划落地。作为三加二读书荟的原创产品,"113+3"乡创操盘服务得到中国扶贫基金会与中国民生银行支持。

"113+3"乡创操盘服务模式中的主要角色有六类,即一名导师、一名操盘人、三名乡创骨干(包括乡村设计师、乡村社工师、乡村合作社孵化师）、三名助理。在实践过程中，导师、操盘人、乡创骨干对于模式的落地实操给出意见与指导，助理则在过程中学习成长，通过理论学习与实际经验积累，最终成长为当地所需的骨干人才，保证原有的乡村规划长远稳定进行。

  如果考察乡村的发展历程，我们不难发现，这既需要外在因素，即通过不同的方式来推动乡村走向未来之路，更为重要的是乡村有内在发展动力。仅仅依靠外力推动的话，在某种程度上，很难让乡村真正**繁荣**起来，这就需要乡村在未来有自己的发展思想与主动性。我们观察不同的乡村发展路径时，就会留意到乡村的现状是可改变的，唯有村民积极参与，乡村才能激发出创新、创业的激情。

导师

教育行业的导师制，现在在其他行业也广泛流行开来。比如在三加二乡创联盟的概念里，就有一位导师存在。根据其理想的设计，导师是这样的：

在"113+3"乡创操盘的设计当中，导师是整个流程的"把关人"，是"船长"，对流程进行整体上的方向把控。导师的职责包括：对定位、产业、空间、模式、机制把关；对公共性、公益性、示范性项目等进行把关和推动；对项目进度进行推动和把控；对总体效果的呈现协同相关部门进行把关；与政府分管领导沟通交换意见；定期听取操盘团队的情况汇报，对过程中的重大问题及时与分管领导沟通。

可以说，导师在乡创项目的运营中具有关键地位。导师对乡村振兴政策的把握、实施都有独特的经验。尤其是在联动政府与地方之间，发挥着重要的作用。不仅如此，导师还需有成熟的理论框架。

能够胜任导师的乡创人才，在今天也是属于少数派。在三加二乡创联盟的体系里，导师也发挥着独特的作用。徐耘老师在蒲江县明月村项目运营时，所担任的职务即是导师和操盘手，到了启动资阳晏家坝项目时，就只兼任导师了。这不只是身份的转变，其实也包括了对乡创认识的不断加深、升华。

　　优秀的导师总能从纷乱的乡村中找出一条路，使乡村迈向新发展之路。

操盘手

如果说导师把握乡创的方向，那么操盘手就是乡创的推动者了。

《乡创操盘手实用教程》是这样对"操盘手"进行解读的：

起源于金融行业，特指利用知识和判断力代人理财的职业人员，目前该词已经超越金融意义，运用到各行各业中。乡创行业的"操盘手"指的是利用乡村建设的经验知识和判断力为乡村创新、创意、创业事业服务的职业人员。他们是乡创的目标制定者、组织者、执行者、利益协调者、要素保障者、后勤服务者、节点控制者；他们的工作来自乡村建设主体的授权，但在行事中又具有独立人格；他们保有乡创的整套方法和坚定的执行力，却又懂得边界，心系乡村的可持续发展，力戒攫取权力和利益的野心。

操盘手在乡创中占有举足轻重的地位，相当于团队的带头人，需要强有力的执行能力。乡创最终能取得怎样的成绩，多半是由操盘手决定的。从这个角度看，尽管参与乡创的人群可以被细分为不同的种类，但操盘手却是独一无二的存在。

当然，我们可以看到在乡创项目的进行过程中，地方政府在某种程度上就像一只看不见的手，无形中影响着乡创的走向，这也给操盘手的操作空间带来一定的局限性，但优秀的操盘手总是能审时度势，从复杂的社会关系中梳理出乡创的发展方向，带动乡村走向振兴，这个过程艰难而有趣。

乡村设计师

乡村也需要设计师？在最初听到这个词语时，我很好奇，在乡村还有这个职业？我还记得前些年流行的一个职业是乡村规划师。

百度百科对这个词的解释是这样的：

乡村规划师是具有规划或相关专业背景的专业人员，既是乡村规划的决策参与者、编制组织者，也是乡村愿景意见的采集员、乡村建设项目的建议员、规划实施的指导员、村庄建设矛盾协调员和乡村规划研究员、科普员、宣传员。总的来说，乡村规划师是乡村规划的决策参与者、编制组织者，其主要职责是帮助乡村，带领振兴。

与规划师相比，"113+3"体系里的乡村设计师，所要做的事情也很复杂。因其定位是乡村的"美容师"，也是模式成功运作的重要基础，其通过专业规划来营造乡村特色风貌。主要职责包括：对项目区内交通、区位、宅基地面积、位置、人文、自然景观、本土建材、古建、特色景观等情况进行现场调研；参与项目策划研究；制定《建设公约》，并对现场进行把控，防止现场施工与设计不符及乱搭乱建等现象发生；完成"乡村旅游地图"及"农旅融合展板"设计；指导当地村民房屋改造设计，结合项目导则提供建设意见；与设计方、施工方沟通协调，提出建议和意见。

乡村设计师还要坚持"五个一"原则：①一讲，即方案与策划的关系和设计要点讲得清；②一走，即项目区情况烂熟于心；③一守，即要有防止乱挖、乱砍、乱拆、乱搭、乱建的守护意识；④一帮，即帮助指导区域民房改造；⑤一做，即对农户房屋进行改造设计等，并进行公益性收费。

很显然，乡村设计师所处的地位与乡村规划师看上去有些相似，但从实际操作上来看，却有很大的差异。这反映的其实是乡村设计师的定位与作用，其在乡创中的角色是不同的。

乡村社工师

在"113+3"体系中,还有一个行当,即社工师。根据规划,乡村社工师是模式能够平稳运行、扎实落地的地方基础,是乡村文化的"采风人"与"代言者",主要职能包括:对项目区内村名由来、传说故事、名人、美食、风俗等情况进行现场调研;按照《三加二社区营造指南》及《三加二社区营造指南补充规定》要求制订全年社区营造工作计划并开展工作;整合当地政府与相关部门资源、资金,以及社区保障资金等开展社区营造活动。

这个社工师与社会组织里的"社工"有很大的差别。或者说,"社工师"的工作看似轻松,却对乡创项目的定位、设计、推广等多个环节起到了关键作用。其对地方文化的挖掘有多深,在某种程度上代表其为乡创提供了多少智力支持。

一个优秀的社工师需要具备相应的专业知识,能够在乡村中发现亮点,提供必要的支持。这其实对社工师的要求提得蛮高。他们不只是简单的记录者,更是乡村文化的发现者。

合作社孵化师

孵化师在今天也很流行。但具体到不同的行业，其所从事的工作也有细微的差别。最常见的是项目孵化师，从字面上我们即可看出来，其主要职责是进行项目孵化。那么，在乡创这一块如何呢？

在三加二乡创联盟的体系里，合作社孵化师是将"113+3"模式与本地化运营紧密联系的桥梁，是乡村规划长久稳定运作与发展的重要后勤保障。主要职责包括：对项目区内产业现状（第一、第二、第三产业）、乡村旅游资源、资产（耕地和建设用地的面积、位置）、集体资产及产业等情况进行现场调研；研究新型合作社架构并协助筹备注册乡村旅游合作社；完善合作社相关运营机制、专题研究；进行旅游项目开发、产品研发；引导当地村民创业就业；孵化当地合作社负责人等。

合作社孵化师是乡创当中的合作社项目的有力推动者。乡创当中最离不开的环节是将村民与乡创项目融合在一起，然后共同发展，让乡村走向发展之路。而合作社孵化师就需要挑选适合乡村发展的项目，采取有效的机制，让乡村动起来。这个过程需要具体的操作性。

在三加二乡创联盟中，合作社孵化师有时与社工师也可由同一人担任。这就凸显出人选的重要性了。在后面的故事中，我将具体讲述他们的故事。

助理

最初，我以为"助理"在"113+3"模式中，并不是一个重要的角色。但一旦涉及乡创运营，就会发现，即便是有成熟的机制，仅仅靠几个带头人是很难把乡村振兴落到实处的。这就需要助理登场了。

在《乡创操盘手实用教程》里，对助理有这样的解释：

助理的主要职责是实现"113+3"模式与传统乡村特色互相交融、共同发展，他们是乡村策划长期发展与平稳落地的监督者与运作人。在进行宏观规划的同时，为当地乡村的实际发展留下三颗"种子"，即由乡村设计师、乡村社工师、乡村合作社孵化师"三师"培养出三名骨干，这是"113+3"模式中独创性的内容。

在"三师"的指导下，三名助理将对当地规划的全流程进行整体参与和实地体验，从宏观、微观两方面把握模式的运作与发展，协调各方等职能方面的能力将获较大提升。

助理只是在乡创项目中定位的最初角色，但在项目推动过程中，他们向有经验的设计师、社工师、合作社孵化师学习，并在实际中灵活运用，在乡创进行过程中，其发挥的作用会越来越大。最终，助理完成角色的转变,成为乡村振兴的领头人。

  在某种程度上,助理在整个乡创推进过程中发挥着微妙而又灵活的作用。

第二章

人物篇

  川西平原的原野，进入春天，让人觉得格外赏心悦目，这个时候，我最爱到田野里走一走，嗅嗅花香，呼吸春天的空气。

  2020年4月的一天，我来到鲜花盛开的斜源小镇。这里的周边村落曾以煤矿开采为主。2009年，成都市开展环境综合整治工作，彻底关停当地煤矿，通过返迁安置等措施，将附近五个村和一个社区的居民整体搬迁到集中安置点。当时，这里从一个居民安置点变为网红打卡地"出圈"，从"吃工业饭"变为"吃旅游饭"。从前，这里既不是传统景点，又没有规模化商业开发。

  这样的转变让我觉得很是惊奇，颠覆了城镇与乡村的概念。随后，在三加二乡创联盟展厅里，我看到了更多关于乡创的介绍。这是我第一次接触乡创。当时，这里给我的一个感觉，更像是策展人及乡村建设者左靖、欧宁在安徽碧山的实践。凑巧的是，多年来，我追踪着左靖所作的系列图书《汉品》《碧山》《百工》《黟县百工》等等。

  比如《碧山》是一系列试图寻找重返我们传统家园之

路的MOOK（杂志书），试图以现代人的视角重新梳理传统文化在中国人的生产和生活中的位置，并以此为源头探讨展开传承与创新行动的可能性。"碧山"在我们看来不仅是一个地理名称，更是我们传统家园和心灵原乡的象征。这或许是新时代乡村发展的一种路径。

　　左靖和他的朋友一起努力，营造出乡村的聚合氛围，让人眼前一亮。当时如火如荼的脱贫攻坚正在开展，我虽然没有去过碧山，却通过这纸上的阅读，深刻地感受到这或许是乡村的一种变革。但不管是怎样的变革，唯一检验是否成功的标准，就是它是否具有可持续性。

　　这样的实践，却有着试验的意味，至于其中的得失成败，都应该对未来的乡村复兴有借鉴意义。乡创，同样如此。

　　乡创，在三加二乡创联盟看来，指向的是乡村创新、创意、创业，这不同于此前的乡村建设，它更在于激发乡村的活力。

　　这里所说的乡创人，大致可以分为两类：一类是三加二乡创联盟的成员，他们跟随着乡创项目的推进，做出了多方面的尝试；另一类是自觉做乡创的文化志愿者，包括乡贤，对于他们在乡村振兴中的作用，在今天应该有全新的认识。

　　乡创能走多远，在某种程度上，就是看乡创人的创新思维有多么强大。而乡创最终要想取得成功，还是取决于人。

乡创操盘手徐耘

大邑县成为成都乡村振兴的重要一点，源于三加二乡创联盟就在这里发起。徐耘先生是安仁古镇、明月村、邛窑、斜源小镇、晏家坝村等一系列运营项目背后的导师和操盘手。近年来，他逐渐从幕后走向前台。不过，在这里，大家都称他为"徐老师"。虽然他曾在政府部门任职多年，却没有一点官气，亲切、随和，在他的身上，我看到了实干精神。

历经九年时间，自从退休以后，陆续介入城镇规划，再到公益阅读、乡创项目，徐老师都有着非常清晰的认识。"我是体制内的操盘人，所有的项目都是工作给予的平台。"平台对于徐老师而言是非常重要的，他也想要通过组织振兴的方法来建立起这个乡村振兴的平台，吸引更多的人，并且愿意为此付出无尽的努力。

同时，他深知，要做好乡村振兴这件事，仅仅是强调某一个侧面，很难给乡村注入新的活力，因为振兴的要义就是最终受益的是村民，而不是外来资本。

从乡村阅读开始，三加二读书荟就有着非常明确的目标，这也是它迅速成长的缘故。

在明月村时，"农事为先、农民为主"这8个字就是最开始在设计明月村建设的时候被徐耘提出来的，入脑入心。明月村是一个农业村，农民喜欢跟土地打交道，跟庄稼作物同生同长，这个根本永远不能变，"明月村"永远都不能"被变成"一座城镇。对于这样的想法，徐耘如此坚定，不是出于他自己个人的爱好，也不是政府"操盘手"的独断专行。他的这种执念来自农民，来自明月村2000多位原住民。一切都得为了农民，不然的话，农民不会愿意接受外面来的一切对自己的改造。

在专家们看来，今天的乡村振兴有着多种类型：为农民在农村生产生活保底的乡村建设、由地方政府打造的新农村建设示范点、满足城市中产阶级梦想的乡村建设、借城市中产阶级梦想来赚钱的乡村建设等。

那么，三加二乡创联盟所提供的模式是哪一种呢？

我听到的介绍是这样的：公益+乡创。简单来说，就是既有公益活动也有乡创模块。在徐老师看来，乡村振兴的核心是让村民在乡村发展的过程中受益。在跟徐老师的交流中，他提到最多的是人、系统和机制。只有这样才能确保乡村振兴的实施。他说："我们要做的，就是成为乡村振兴第三方创新服务平台，集研究性策划与项目落地操盘为一体，运用'113+3'乡创操盘法为乡村赋能，追求将乡村建成安居乐业的美丽家园。"

简言之，乡创的目的是发展当地经济，产业相关性才是徐老师真正追求的。"我们做的是'安居、乐业、家园'，要产业支撑，传统优势农业产业上加文创产业，文化的选择主要是可转化成产业的文化，是做文化产业。"在他看来，文化产业这个词的重音在"产业"上。

所有产业，如果不是和当地的文化生态契合的，都不能通过他的招商进入这里；所有的人才，如果是不服务于当地乡村振兴的，那么就没有被招商到这里的意义；所有的当地业务，如果与本地居民没有高联系，就不被主要扶持。所有来的人才都需要带着自己的投资进来，而且还需要能够真正影响到老百姓，与老百姓息息相关的产业才可以。或者说，外来资本与当地的资金往来相关性就是徐老师所看重的。而新老村民合作的方式也不仅有招工，更有合作社，甚至共同成立公司，这样才能带来乡村从人民层面开始的振兴。

从此，也许可以看出在乡创实施的过程中，因地制宜地选择不同的发展方式，才能让乡村变得更好，乡村也才可能走得更远。只有这一点，才能检验乡村未来发展的可能性。

"乡创要有多维理念，要有实现路径与落地方案。"徐老师对这一点非常自信。从现在操作的多个项目来看，虽然受乡村发展的大环境影响比较大，但还是在按照乡创的规则实施。

在徐老师看来，乡村振兴的五字箴言分别是：第一个是"人"，第二个是"系统"，第三个是"机制"，"因为做了这么多项目后，我觉得在乡村振兴的关键问题和主要矛盾方面，如果把这五个字解决好了，其他都不是大问题，所以在乡村振兴的过程中，我经常说一句话，'技术不是问题，系统才是关键'。"

乡创是一个系统工程。其中首先是要政府部门的科学决策，然后才有乡创项目的落地实施，从而带动村民走上发家致富的道路。这个过程很繁复，首先需要地方政府部门的重视，"新村民"的引进，老村民的高度参与，从而形成一个乡创的新局面。

在徐老师的引领下，乡创做得有声有色，在川西坝子上的乡村振兴的典型村落中，都有他的身影，这固然得益于他所做的工作，也和他敏锐的观察有关。

通常，我和徐老师的交流在网上进行，一旦乡创有新的发展思路，他都会对新理念有所介绍。这也让我对当下的乡创有更多的理解。

这几年，我多次听到过徐老师对乡村阅读、乡创的分享。每一次，他的观念都给我带来新的认识，这或许就是春风化雨式的浸润。我还记得最初在做乡村阅读时，有人说不过是拿项目做事，未必就适合当下的乡村，但他们一直在做这件事，一年一年做下去，"日拱一卒，不期速成"，这与其说是一种功利，倒不如说是振兴乡村的策略。当然，在做这些时，三加二读书荟也是在谋求自身的发展。一步步走来，通过七八年的时间实践、转型，这是符合乡村发展的规律的。

当我对乡创概念不太明晰时，他就给我讲解这与乡村建设的差异。"你看，做乡村项目，就是要贴合实际，而不是按照书本上的来。"他这样告诉我。

对乡创该如何推动，徐老师一直有着清醒的认知。在做弥渡的古城村项目时，因为理念有分歧，他果断地撤出来。这或许跟徐老师的追求有关。

徐老师对乡创不仅有独特的见解，在实施的过程中，也按照循序渐进的原则推进工作，而不是急于求成，盲目上马项目，而是要结合乡村的在地文化，经过深度挖掘、包装之后再推出，"这样，效果就非常明显。"

乡创的最初阶段，三加二乡创联盟就着手在村庄里入户调查，吃住都在村社，同时对村庄周边的历史文化也进行挖掘，这样的工作就是在梳理乡村的优势资源，最终呈现出村庄的新面貌。

不过，这个过程有些复杂，但在徐老师眼里，乡创把握好方向，只要努力去做，总会有成果出现。对此，他强调路径很重要。

"如果一开始想法就是错误的，在执行的过程中，很难保证项目的有效落实。"他这样说，"乡创一路走来，也是不断丰富理论，从而让项目更接地气一些。"

徐老师所说的接地气，也许就是乡村的前景更被看好。

在我采访的过程中，多位乡创项目的参与者给我提供了他们的具体实践。"我们每天都要记录下工作日志，这样就能看到工作的推进情况，也可以说是乡创历史的第一手资料，将这些汇总之后，就为后面的乡村研究院提供了新素材。这每一个环节都是环环相扣，可以看出当下乡创的真实状态。"

徐老师对社会组织在乡村振兴中的作用有着自己的判断，"应当是协同主体和标配力量"。之所以得出这个结论，是因为他就当下乡村振兴的模式进行了深入研究后认为："基于乡村振兴是国家战略，理想模式可以是党建引领、政府主导、农民主体、企业参与、社会组织协同，五大力量构成乡村振兴的中国特色的时代力量。"

在我看来，乡创的最终答案，就是建立一个理想家园。用徐老师的话来说，就是"乡村应该成为人们向往的地方，成为安居乐业的美好家园"。

专注于乡村营造的梁冰

和梁冰认识，源于参加三加二读书荟的活动。我还记得，在活动的现场，他好像是旁观者，发言不多。后来在徐老师的介绍下，随即和他加了微信，虽然日常聊天不多，却可从他的微信朋友圈看到他的工作和状态。2023年2月，我看到他的一个简历是这样的：

设计师，中国乡村发展基金会公益设计师联盟导师和专家委员，临邛文化研究学会秘书长，2012年创立小院逗号工作室，专注于乡村营造。主要作品有：明月村远远的阳光房；明月村明月食堂；乡土建筑研习所；天府红谷；邛窑文博创意产业园杨华珍微型艺术生活馆、大师工作站、创咖啡等。

作为邛崃人，梁冰计划在周边各个乡镇走一走，他在一篇文章中说：

> 邛崃西南部山区地形可以简单概括为两条河谷——火井江河谷和白沫江河谷，我将其称为"两河流域"。场镇往往在河流的主流和支流交汇处兴建，除了支撑农业生产的坝子外，依托便捷的水运也是重要因素，河流在古代就是"高速公路"。火井江和白沫江均发源于天台山，如果说两条河是邛崃的母亲河的话，那天台

山就是邛崃的父亲山。两条河在齐口交汇，将邛崃西南乡镇串联成一条完美的项圈，熠熠生辉。

现代，进入乡镇的视角依托于公路，遇山开道，逢水搭桥，我们看到的乡镇形态往往是片面甚至是扭曲的。认识乡镇，得跳出公路，在空中俯瞰，沿着山脉，顺着河流，在山水间重识乡镇。现代化公路成为进入乡镇、串联乡镇的不容忽视的主要通道，邛芦路、寿高路将邛崃西南山区连贯成一环，刚拓宽了的道火路又将这一环演变成了两环，形成了葫芦的形状，而道佐和火井正好在葫芦腰线的两端，它们将成为邛崃西南旅游环线上重要的枢纽和节点。邛崃西南山区是个"宝葫芦"。

邛芦路和寿高路几乎都沿河而建，现代人的视角和活动依托于公路，也局限于公路；两条河流之间的区域被灯下黑似地忽略，一条西南至东北走向，近乎笔直、脊线清晰的山脉，起于太和，沿途有四包山、汪山、观音岩、二龙山、大岩口、冯家山、崇蝦山、余岩、龙扫尾、二十四杆旗、周山、碓窝顶、尖峰顶，直至三坝的药师岩，而古代邛崃西南的主要旱路——茶马古道正隐匿其中，这值得我们重新认识和关注。

火井场镇的北面被大楔山、南宝山揽护着；南面火井江把孙家湾、倒钟河坝和张家坝串联成一片宽阔的田坝，这是火井江流域最大的坝子，古称"火井漕"，是场镇得以生成和发展的基底。火井江以玉带缠腰的姿势和大楔山南宝山的脚线组成一个古代钟形的轮廓，钟头南，钟脚北，钟鼎山林，我猜想这是"倒钟河"名称的由来，也是火井场镇的轮廓。

盐井溪在火井场镇的两条老街之间缓缓流淌，这是场镇的中轴线，场镇由此生发。天台山的尾脉在火井江边画了一个完美的句号，这就是崇嘏山，它轮廓分明，敦实如一方大印，稳稳地踩在火井坝子上。

对乡村的观察，让梁冰在做营造项目时显得更加游刃有余。事实上，我们在痴迷于现代文明时，他却在反思："公路两边集中着几十年来乡村现代化的事物，这同几千年的农耕历史相比太短暂，现代不代表着进步。我迷茫于当代乡村的发展，我喜欢深入乡村的腹地，在残败和'落后'中去认识乡村。"

《读城》有一篇《乡建设计师梁冰：被蜀乡召唤》是这样写他的：

> 梁冰是四川美院附中毕业的，当时学的是画画。为了养活自己，他从学校出来之后便开始设计制作招牌广告，之后又开始尝试室内设计、装修，再到景观的设计、施工。正好赶上古镇旅游开发的热潮，一次偶然的机会，梁冰接触到建筑方面的项目，在这种情况下逼迫自己去自学了建筑。这才发现学校里教授的那些建筑理论几乎完全是来自西方的，但是如果将西方的模式照搬到乡镇上显然行不通，于是他开始了对建筑的独自探索，试图找到一条属于中国乡镇的建筑路子。虽然梁冰是邛崃县城里长大的，但是他特别喜欢去乡村度过自己的周末闲暇。哪怕只是去兜一下风，也会让他感到心情愉悦，一种由内而外的放松在身上舒展开来，不知不觉就喜欢上了乡村，"仿佛一到乡村感觉就对了"。

梁冰初次接手乡村的项目完全是出于机缘，当时他在蒲江的成佳茶园接手了一个乡村项目，当地政府希望把茶园和旅游结合起来，但是他发现当地农民搭了很多破破烂烂的小棚子，一方面存放各类农具；

另一方面可以遮阴、避雨、午后小憩，虽然实用但是看着杂乱，很不美观。所以梁冰的任务就是给当地农民修工具房，它既要满足农民们的需求，也要在外观上与茶园相契合，能让游客看得到传统的延续。最后做出来的效果令各方都很满意，他自己也很喜悦。当时他还接了一个茶田游道的活，有人建议将原有的小径加宽，以便游客通行，梁冰提出了不同的观点，他说不用加宽小径，对农民来说土地是非常宝贵的，更何况茶田里不需要并排走，两个人一前一后走的感觉非常好。他的观点得到了大家的认可，所以最终方案就是在原有的小径基础上以完全顺应地形的方式铺装石板，至于原本没有路的地方，就在高差比较大的地方架设窄窄的木栈道，从茶田上跨过去。这在不影响农民耕作的同时为游客提供了新视角和体验。

在乡村营造方面，梁冰有独特的法门：他注重建筑的重生，而不是新建或重建。这样的方式，让建筑与周围的环境更加协调，这也受到了当地居民的欢迎。

给村庄做规划和设计之前，梁冰就介入了相关工作，"我们先走访了解村子的方方面面，再做规划和设计。首先，我们对村子的地理、地形、地貌这些原生、自然的肌理进行调研，先走大路，再走小路，最后走到田埂上，了解最原始的乡村状态，再了解村子的产业。然后再和当地老百姓交流，深入了解他们的生产与生活方式。有了这些了解后再做规划和设计。"他这样介绍说。

在明月村，"明月食堂"就是重生的典范。它是在原址上依据原有地形地貌和生态环境，尊崇老屋在历史上的构造机理，利用老屋拆下的一砖一木，引入现代技术建起来的。建筑周围的树木，几十年来和老屋早已形成了交错相融的共生关系，建筑和植物常年形成的天际线得以最大限度地保留。建筑的川西传统民居的气质犹在，而内部大量新技术、新材料、新工艺的引入，又满足了现代商业使用的需求。

　　用吴志维的话来说，川西民居向来低调，老屋的入口就朝着公路的侧面，这种外在的气质也被保留下来。踏着石板小道走到门厅，老旧的木门上，居然还保留着过去若干年每年新春贴上去的门神的痕迹，当年镶嵌着铁栅栏的木头窗子也暴露着老屋的年龄。

　　仔细看着焕发新生的老房子，看得出保留的"生长"痕迹。川西乡村民居在几十年的经历中，是会成长的。添丁进口了，房子的主人就会倚靠山墙，以泥砖或火砖为墙，木架做顶，上盖青瓦，搭出一个小空间，四川人叫"搭了个偏偏儿"。

　　梁冰的作品保留了这座老房子的成长经历，让它得以继续讲述这家人当年的故事。此后，梁冰还多次提及乡村建筑的打造，"乡村应该有的样子，才是最重要的，而不是打造一个与乡村原有风格不同的建筑"。这样的建筑，也就有了新生命。

邓淙源：
从乡村阅读到乡村营造

我和邓淙源认识的时候，他刚从三加二读书荟的志愿者转为专职人员。这几年，他先是随着团队前行，然后成为负责团队运营的乡创人。角色的不断变化，其实反映了他在乡创方面的实施能力与宏观把控能力的增强。这也是一个乡创人的成长过程。

2015年，邓淙源担任流动书屋的馆长，时常到乡村去进行阅读推广，这个工作，让他对乡村文化有了更深入的理解："虽然我就出生在农村，但读大学之后，对乡村的了解就少多了。通过这个事情，我对乡村的认知发生了改变。"

在三加二读书荟的团队中，年轻人占了多数。有不少是先从志愿者做起，并逐渐成为团队中的执行者，这种个人角色的转变，是乡村阅读的深入开展带来的。

同时，随着"三加二"的定位转变，邓淙源在读书荟中的职务也渐渐发生调整。2019年，他担任三加二读书荟执行长，对这个团队，他有了新的理解："'三加二'有了新的含义：三个下乡——文化下乡、人才下乡、市民下乡，两个融合——城乡融合、产业融合。"同时，三加二读书荟研发了《乡村操盘手》系列课程和《社区营造》课程，在实践中提出了"培训、培育、陪伴 + 种子计划",在乡村开展社区营造项目,培育村民就业创业,孵化集体经济组织(合作社),营造和谐美丽的宜居环境。

2019年4月20日,"三加二导师指导站"成立,四川大学文学与新闻学院教授、博士生导师徐新建,成都博物馆总策展人黄晓枫等专家受聘为导师,我也成为导师之一。相对于他们的专业技术指导,我则更多的是从文化方面进行整理、挖掘,呈现出乡村文化的新风貌来。最初,我在做乡村阅读、乡创的采访时,邓淙源给我提供了不少的帮助。这种帮助,也看得出来他做事认真、负责。

邓淙源先是参与明月村的项目,当时是做社工师。后来,他回忆说:"现在我们整个社工体系搭建起来以后,分社工专干和社工助理。社工专干就是有实操经验的人到项目点去指导在地社区营造的社工师。而社工助理,是指我们招的当地年轻人,请他们来协助社区工作。招社工助理的原因是:第一,他对当地的情况很熟悉;第二,他可以跟着去学习,比如做社区营造动员与开展项目等活动,协助社工师完成工作;第三,为当地培养社区营造的种子。最早做明月村项目的时候,体系还未完善。后来我们对乡创操盘和社区营造实践不断进行复盘,这才有了成熟的体系。"在经过这一段时间的摸索之后,邓淙源很快成长了起来。

在明月村进行社区营造期间,还孵化出了"明月乡村研究社",后来明月村村主任陈奇担任社长。我在网上查到其经营范围,牵涉得很广,包括:研究乡村产业、研究乡村建筑及景观设计、研究乡村公益及文化、研究乡村营造、研究乡村扶贫等等,可以说这也给明月村的发展提供了智慧支撑。

随后,邓淙源从斜源小镇开始介入乡创领域。他先后介入多个项目当中。从他后来在临渭市乡创学院的一次乡创分享会上的发言，也可看出他对乡村营造的想法。

这次分享会，邓淙源就公益性机构在乡村怎么去做村民的动员，以及如何去进行乡村的社区营造做了分享：

邓淙源老师从社区营造的对象出发，开门见山地介绍了在乡创过程中应当注意营造的三类人群。

第一类人是政府的领导。社区营造工作需要营造领导的意识。因乡村建设过程是一个软、硬件协同建设的过程，硬件支撑和软件支持在这个过程中同等重要。

第二类是在地的农民、在地的力量、在地的人才。结合乡创实践来看，在地人才非常关键。因此一定要动员在地老百姓参与到整体的项目建设中来。

第三类是在地的乡贤，即那些在乡村中有声望和有能力的人。在乡创中要鼓励他们，让他们参与到更多的事情中。此外，还有一部分人是从城市返乡的新村民，他们的力量也值得关注。

从被营造的人到被营造的社区，邓淙源老师介绍道："现在学界普遍认为，社区营造的起源是日本古川町，这里最早是养着锦鲤的水沟。大学教授动员老百姓治理大家共同拥有的水沟。被动员起来的老百姓成为很重要的社区力量，他们拧成了一股绳。"

社区的营造要点，一是要发挥人才的作用；二是要成立组织，去推动我们这个区域在地人才的不断出现。要让在地的业态能够起来，这样能够更好地形成比较有名气的社区。

秦皇岛阿那亚，便是社区营造的一种类型。从最经典的"地产商＋物业"的管理模式到动员居民业主共同参与的共创协商式管理模式，这个转变过程中，阿那亚产出了很多网红的精神产品。

在做乡村建设的过程中，不光要做纯盈利性的产品，也需要注意建设公共空间和精神类产品的空间。社区建设的基本原则，一是以村民和居民为主体；二是权责一致；三是以过程为导向，因为社区营造是一个很漫长的过程；四是可持续化。不是政府一味地投入资金，而是要通过政府的资金去撬动更多的社会资本，撬动更多村民的力量，来实现乡村的可持续发展。

邓淙源老师强调："乡村社区营造是一件需要多元参与、多方协同的事情，要动员社区的内外资源，以解决社区目前遇到的问题。"因此，在乡村社区营造的过程中要关注所存在的共性问题，过程目标比任务目标要更重要。总而言之，就是要以过程为导向，并重视社区成员的参与。

"社区营造是桥梁，是市民下乡、联合乡居、构建新型社区和城乡融合的桥梁，这是乡村振兴的一个非常重要的路径。"邓淙源老师这么总结道。

此后，邓淙源长期在乡创第一线工作，这让他对乡创的未来发展有了更清晰的目标。比如他曾说"三个不任性"很重要：权力不任性，在乡村建设的专业性问题上，不是"谁官大谁说了算"，而是充分听取专业人士的意见；农民不任性，诸如明月村向手工艺者出租农民房子时，统一规定3000元、5000元、8000元的三档价格，由村集体统一签约流转，并以"修路不经过家门前"等软性方式来约束农民坐地涨价的行为，这才得以稳住引入村里的项目。更重要的是，资本不任性。邓淙源说，资本力量非常强大，讲求的是经济逻辑，可能会与村庄共建、共治、共享的社会理念产生冲突。而实际上，资本下乡后能否确保农村的耕地继续种植粮食？农村土地是否会走向房地产化？中国的制度设计该如何平衡好空间与约束之间的关系？这些问题都关乎乡创的未来。

作为社会组织的代表，2018年，邓淙源当选成都市第十七届人大代表。这也是对乡村振兴的一线人员的认可。在担任人大代表期间，他积极就乡村振兴与乡创方面的问题进行调研，提交提案，期望能为乡村振兴做更多的事情。"这是一种责任，也是一种担当。作为乡创人，我知道乡村的发展，不再是传统模式，而是以多元方式推进，因此乡创的路上，还需更多地思考与努力。"

那么，在今天，什么样的乡村振兴才是好的乡村振兴？

除了因地制宜、找准定位之外，在邓淙源看来，关键在于决策背后的核心理念，这将导致截然不同的两种结果。"如果单纯以项目为目的，就直接流转土地、流转集体资产，把农民全部都搬出去，引进市场资本投入打造，再进行招商运营。但是以乡村振兴为理念，一定是共创共享，一定不是把农民都迁出去，还要解决集体经济问题，解决市场资本下来后，如何和老村民共融的问题。"

作为一种探索，乡创注定是不断丰富、完善的过程。用邓淙源的话来说，乡村在不同的发展阶段，所走的路径是有差异的。所以，在乡创实施的道路上，唯有边做边总结经验，才能让乡村变得美丽起来。

双丽：返乡做乡创的女能人

2023年2月5日，由邛崃市南宝山镇人民政府主办，成都今是乡村管理服务有限公司承办的农民夜校第七期，邀请到四川省乡村旅游协会乡创分会副会长、成都明月乡村旅游专业合作社CEO双丽作为授课老师。此次课程双老师以"抓住机遇 实现发展"为主题，向村两委干部和村民详细介绍了明月村的发展历程。

双老师指出，农民富、农村美、农业强是乡村振兴的目的，而乡村振兴与乡村旅游是不同的，乡村旅游是从游客出发，以服务游客为目的，乡村振兴是与农民生产、生活密切相关；在乡村振兴发展中，村民要开放心态，多听、多看，了解政策，对项目配合支持，对外界友好，传递温暖与美好；根据项目的推进，结合自身情况，带领村民创业就业，抓住机会，参与发展，尝试做餐饮民宿，研发手工制作产品，体验类产品。

最后，双老师总结出乡村振兴给农业农村带来的好处有四点，第一点收入增加；第二点环境更美，基础设施更加完善；第三点精神面貌提升，观念、理念、生活习惯变化，孩子的教育及创业就业机遇更多；第四点年轻人返乡，共享天伦。

像这样的乡创分享会，双丽做了很多次。我和双丽认识是在2022年，在斜源小镇上。她带着我走访了新打造出来的社区，边走边介绍，让我对乡创多了些认知。关于双丽返乡的故事，源于她参加三加二读书荟活动，做志愿者，这样就和徐老师熟悉，这才有了到明月村的想法。当时，明月村刚刚起步，对双丽来说，这是全新的开始。

2015年3月，甘溪镇引导成立了明月旅游合作社并从外引才，当时在北京做销售管理的双丽成了专合社的职业经理人。

2015年10月，结束"北漂"生活后的双丽来到明月村，成为一名新村民。"记得刚来时，这里还是传统的农村模样，新村民也没几个。"双丽坦言。可以说，她既是明月村发展变化的参与者，也是见证者。明月村能有今天的变化，在当时是怎么也没想到的。

在被聘为明月乡村旅游合作社经理初期，村民对双丽这个外乡人并不大信任。"乡村振兴，离不开党组织的引领。"面对村民的质疑，双丽带头建立合作社党支部，购买了电瓶观光、自行车，依托旅游环线，着手开发旅游产品，规范村里的旅游市场。当年合作社就实现盈利3万余元，村民也分了红。

"立足当地资源，用文创带动发展，是明月村走好乡村振兴之路的方向。"双丽说，明月村有"竹海""茶山""松林"等良好的生态条件和"明月窑"历史文化资源，二者的完美结合注定会创造出一种不可替代的"明月模式"。对此，双丽积极引导优秀年轻党员拓宽"互联网+"销售渠道，推出了明月酿、明月手工豆腐乳、明月茶、明月陶、明月笋等文旅产品10余种，让群众的腰包越来越鼓。

随着文创吸附效应不断放大，近年来，明月村迎来了一批又一批新村民：四川省工艺美术大师李清、当代诗人阿野、水立方中方总设计师赵晓钧……有陶艺家、设计师、作家以及青年创客，与老村民和谐共融。

在旅游合作社的发展中，双丽逐渐成长为乡村发展的重要力量，将合作社从一个人的组织发展壮大成目前有专职人员7人，兼职人员15人的集体；从没有一分钱收支发展到2018年实现自营业务收入110余万元，盈利34万元。到2022年，股民及村民在合作社的带领下，实现旅游经营收入3000余万元。

合作社还充分利用资源，联合新村民艺术家对村民进行传统手工技艺培训，其中培训陶艺148期，共100余人参与；植物染培训15次，共培训村民20余人；篆刻艺术培训40余期，共培训村民40余人；开展常态化的观光车驾驶员和村民讲解员培训，共培训了观光车司机23人、村民讲解员15人，让村民在农闲时间多一份兼职收入；帮助和指导30户农户将自家院落改造成餐厅、民宿或者体验场所，让他们在家实现自主创业。

除了发展壮大集体经济外，合作社还承担着社区发展的其他公益性工作，比如村民就业培训、经营业态规范管理、环境保护、垃圾分类等，为明月村的发展注入新的内容，提振了全村人的精神面貌。

双丽介绍说，明月村旅游合作社的发展经历了三个阶段：

第一阶段，主要经营中心在项目招标上，比如投资体验项目、做产品、提供服务。这是怎么确定的呢？我们每天要接待很多的考察团队，有时候对外参展、宣传推广这些工作，都是我们需要挣钱的内容。在后天的发展过程中，村民愿意参与我们投的烘焙、陶艺体验项目时，我就会让愿意做项目的村民来做。如果我们旅游合作社也做这些项目，那么大家其实就形成了竞争关系，这对合作社和明月村村民都是不利的，所以只要村民愿意做项目，我们合作社就退出，并把购买的设备折价卖给村民，去支持他们创业和发展。这样既不牵涉我太多精力，又可以在跟他们没有竞争的情况下来服务和管理，引导村民有序发展。

第二阶段，我们就变成双重身份了，第一个身份是经营者，我该投的项目仍然要投，尤其是投资村民不能做的项目，比如投观光车。当然了，如果投了之后发现他们也能做，我就让给他们。我们仍然要做川派，并且增强跟当地产业的关系，比如通过发展电商来售卖当地的雷竹笋，也通过自己的关系渠道来销售当地水果。另外，我们希望能够增加当地农产品的附加值，所以就做农产品深加工，比如用雷竹笋做下饭菜，卖得非常火爆，我们又逐渐考虑销售一些笋干。总之就是要把产业做得更深入一些。

第二个身份是公益机构，我们把自己定位成社会企业，在这个区域我们不但要运营、要挣钱，还要在乡村的发展上发挥领头作用。我们要对村民进行培训和引导。具体来说，我们做了垃圾分类；在晨跑中引导小朋友捡垃圾，每年会给晨跑小分队做总结和奖励；我们还做村民夜校，为的是加强村民的经营管理理念，避免村子出现宰客现象，还带领村民深度学习和讨论维持业态的方法；在发展良好后，还会在年底去慰问村里比较困难的群众。以上这些事情以前没有做，是因为村子太穷了，也没有集体经济，根本无法启动。现在村子逐渐发展起来，合作社就把自己定位成什么呢？第一，我们是纯集体经济组织的重要组成部分；第二，我们相当于是村委下面的一个公司，跟村委配合就相当于帮村子挣钱，合作社为村子做旅游经营方面的工作，村委分工则是做村庄的日常管理。合作社就相当于村庄的助手。

第三个阶段，是推翻重组的阶段。将前期组织架构中影响后续发展的因素剔除，这让村民合作社获得了更好的发展。

作为乡创发展旅游的一种模式，旅游合作社被广泛地应用到乡村振兴当中来。其中的玄妙就在于吸引更多的人参与到乡村旅游当中，同时带动村民利用自身的优势，开发出符合当地旅游的产品。这也在促进乡村经济的发展。

在三加二乡创联盟的晏家坝项目中，双丽担任合作社孵化师。虽然乡创联盟是来帮助村民的，但在最初阶段，村民还是有点儿不信任。双丽说，刚开始在晏家坝，招人都很困难。村民们觉得我们干得很热闹，他们没有什么参与感。后来我待的时间长了，信任感逐渐建立，但是招人还是不容易，因为欠缺合适的人手。这既有工资不高，很难留住人才的原因，也有乡村发展之初有点缓慢的原因。不过，随着晏家坝的发展，这种现象有了很大的改变。

所以，在谈到乡创时，双丽有着很具体的经验。

何为乡村振兴？作为在第一线工作的双丽深有感触：乡村振兴的意义，在于当地的村民回来了，年轻人回来了，他们一大家子人能够生活在一起，这是乡村振兴事业最大的收获。

现在的双丽依然在项目上工作着，对她来说，她在乡村找到了理想。

乡贤刘应默修志书

大邑县的斜源小镇（2019年12月因行政区划调整合并到邮江），脱俗而又清新。

此前的小镇，看上去多少有些没落。这种鲜明的对比，是因为引进了新项目，让小镇焕发了活力。

在斜源小镇，我听到更多的话语是"让乡村慢生活成为一种时尚，进得来、坐得下、留得住"。

2020年4月的一天下午，我拜访了刘应默老先生。他居住在乡村里，如果不是有朋友带路，很难找到他家的所在地——大隐隐于一个名叫花龙门的村落。村子不大，穿过河流就抵达了村子，但到应默先生家里，还要走一段路。

这是一个寻常的院落。看上去毫不引人注目，但就是在这里，诞生了斜源镇的第一部志书。这是应默先生多年走访故里留下来的成果。此后，他又推出了《大邑饮食民俗志》《增补中国民俗志·大邑卷》《成都市大邑县斜源镇·江源村志》等志书。

应默先生的居所名为"愚园"，在众多的乡村建筑中，虽然毫不起眼，却自有特色。

西厢房是应默先生的祖屋"愚园"中面积最小的一间，有二三十平方米。他将其分割成两部分，用两扇门隔开，靠北一间是藏书室、会客厅，称作"归来堂"；靠南一间是写字间和休息室，称作"笨居室"。这间曾属于四代人的书房，还有那张三代人用过的书桌，那支两代人用过的钢笔，对应默先生有着特殊的意义。

清光绪年间，应默先生的曾祖父刘武贤最早创立了私塾"笨居室"，为当地孩子启蒙开智，教了50年。祖父刘安杨将祖屋改建成了现在的格局，取名"愚园"，自己则主理方圆数十里的堪舆事务。父亲刘禹衬先是在"愚园"里继承了"笨居室"，教书育人数载后参加抗美援朝，光荣负伤后进入唐山铁道学院学习，成了一名桥梁设计专家，参与国内多条铁路的建设，之后因身体原因回了成都，在铁路中学任教，退休后回到家乡，将荒废多年的"笨居室"重新打理出来，更名为"归来堂"，继续教授当地孩子书画。

从开蒙识字，到道教文化，再到书画艺术，应默先生之前的刘氏祖辈用自己的方式守护、传承着家乡文化，而到应默先生这里，他选择了另一种方式——修志。

修志是一件费力的活路，需要到各个地方去收集资料，查看现场，辨别乡亲们讲述故事的真伪，这有些像今天流行的田野考察。

关于修志的缘由，2022年11月18日出版的《成都日报》讲述了这样一个故事：

刘应默开始写志源于20世纪80年代的一次偶然。

"老板儿，你这个烧白味道咋有点不对喃？"坐在镇上的餐馆里，刘应默点了一份许久没有吃到的咸烧白。吃着吃着他觉得味道有些不对劲，但哪里不对劲，一时又说不上来。

"哎呀，刘哥，都是新鲜肉，哪里会不对呢？"餐馆老板熟稔地笑着说。

"确实不对，前几年你爸做的咸烧白味道更醇更香，现在你这个和城里馆子味道没啥区别，还有回锅肉也是这样。"刘应默慢慢抓到了一点线索——家乡的味儿没有了。

"和城里的味道一样，那说明我们也'洋盘'了哇？"老板开玩笑说，"现在我们的酱油豆瓣都是在县里买，肯定大家都差不太多了撒。"

"以前你们用的酱油好像是镇北老张家的吧？"

"张伯走了好几年了，他儿子女儿也出去了，酱油铺都关了好久了哦！"

刘应默心里咯噔一下，他猛然发现，家乡曾经熟悉的东西正悄然离去……

这种感觉不是第一次了。20世纪70年代末，刘应默进入成都机动车厂工作，成了家乡人人羡慕的"铁饭碗"工人，此后很难得回一次老家。每次回来，家乡总是在发生变化，要不就是新修了一条路，要不就是起了几栋新楼房。这次，他发现家乡的味道也开始变了，不仅是舌尖的味道，还有记忆里的味道。

"必须为家乡记下点什么！"刘应默心里有了这个念头，必须赶在"老物件"消失前把它们尽可能记下来，"要不然这家乡的味儿，就散了！"

刘应默匆匆回到家里，扎进西厢房翻箱倒柜。爷爷端着茶杯，慢步走到他身旁，问："你干啥子？"

"我找以前写《刘氏族谱》时收集的资料。今天去馆子吃饭，发现味道不对，听说张伯走了，酱油铺关了。我要把它们记下来，写成一本书。"

　　1985 年，刘应默的第一本书《刘氏族谱》出版，一时间在家乡声名鹊起，毕竟在那个年代，写书的都是能人。

　　爷爷是刘应默第一手资料的重要提供者，见多识广的他本来就是当地的"百事通"，对孙子愿意为家乡写书极为欣赏。他半眯着眼笑着问："你准备咋个写？"

　　"没想好，总之就是记下这些老物件。"

　　"那你为家乡写本'志'嘛！"

　　于是，他写出了《斜源乡志》。这本书于 1987 年成书出版，由 11 个篇章、15 余万字架构而成的"乡志"填补了斜源乡长期以来的地方志空白。

　　数十年如一日，应默先生撰写、编辑、增补的地方志将家乡周围的风土人情、民风民俗、地理社会等进行了全面梳理，让后人了解到大邑不仅有鹤鸣山、西岭雪山，同时在宋元战争、太平天国运动等历史背景中都留有独特的印记。

　　我拜访应默先生时，留意到在一个小书橱里，更是隐藏着许多与大邑县有关的文献资料，我眼前一亮——有许多册文献资料，我曾在孔夫子旧书网上寻觅而不得。"你这里藏得宝贝真多。"我不由得感叹。

　　应默先生说话诚恳，把一叠文献搬到院子里的圆桌上。"这些书有不少是卫（复华）老师的签名本，他每出一本书，总要送给我。"然后翻开书，我留意到每一册都有他的题签。

　　闲暇时间，应默先生依然在为当地的文化发掘操心，这也是他所看重的。"年纪大了，有一些历史因为我清楚，就要记下来，要不，就可能丢失了记忆。"

告别时,他还在频频挥手:"下次来的时候提前说一下,我好做豆花饭。"我们说:"要得,要得。"这样朴素的热情,让我看到了乡贤在今天的精神延续。

2023年3月6日,我再次与朋友来到应默先生的家里,他热情地接待了我们,在他的书桌上,我看到了"黑龙冈刘氏族规""愚园十富""愚园十穷""刘花龙门刘氏家规"等内容,由此可看出应默先生的操守。

儿子刘孝菊在读书时,因患眼疾,视力几近全盲。应默先生就劝儿子说:"别人给你一笔钱,哪怕再多,也是一次性的,更多的要靠个人努力。"儿子从那以后开始尝试做盆景、养鸡、养猪,把家庭经营得井井有条。"哪怕是残疾人,也要靠自己的能力养活家人。"凭借着这样的信念,他闯出了一片天地。这就得益于应默先生的言传身教。

刘孝菊沿袭了家族的称号,被父亲称为"斜源怪杰——愚园小子"。这个称号既是对孝菊矢志不渝、努力追求人生价值的最好概括,也是一个父亲对儿子最深沉的褒奖。

在父亲的眼里,儿子刘孝菊确实称得上"怪杰":一个"瞎子",凭着养殖,"飞鸟闻香化锦凤,鲤鱼得味成金龙";又能以收藏、创作丰富自己的内心,让自己过上诗意的生活。正是因为他乐观豁达、不言放弃,才能在逆境中实现"自我振兴",在人生道路上"拐弯"后又拐回正路。

应默先生是斜源的乡贤,自觉地传承着这一方文化。这一点,在今天显得难能可贵。

在我的了解中,像应默先生这样致力于乡土文化的挖掘、整理的文化人也不在少数。

挖掘乡村文化的吴志维

在大邑县采访乡村生活期间,我还遇到了文化志愿者吴志维。他本来在成都有个很好的工作,后来因故来到了安仁镇,先是在建川博物馆工作,后在安仁成立了文化工作室,就长期扎根在这里。

吴志维早年从事媒体工作,所以他在大邑也带着媒体人的眼光去"发现"。闲暇之时,他给不同媒体撰稿,写这里的风土人情,许多外地人通过他的文章走进大邑。"在这里待久了,就会发现很多有意思的事情,哪怕是街头美食,都变得很有趣味了。"于是,他或写或画,留下这个时代的乡村风华。

把更多的时间留给乡村,城区对他而言,就好像是一个驿站。乡村的种种风物,让他着迷,故而才会执着地去发现乡间风物,他笔下的安仁镇"王林盘"是这样的:

联排的别墅环绕着一个生活广场,广场上各种文体设施齐备。各家庭院的墙上,彰显着传统的孝道文化,让人感觉此间古风犹存。

广场旁的一面十余米长的墙上,有一幅壁画让人顿时眼前一亮。蓝天下,巍峨的西岭雪山横卧,大邑的母亲河斜江河静静流淌。

广袤的农田里是辛勤耕作的农夫和耕牛,水车将母亲河的恩赐带到每一片待哺的土地。近处的林盘,是川西坝子司空见惯的家园。一年艰辛劳动的结晶从风谷机中缓缓流出。庭院中央,私塾先生用浓重乡音传授着这个民族宝贵的文化精髓。村边的松树下,那位眺望远方的峨冠博带者,是写下"窗含西岭千秋雪,门泊东吴万里船"的杜甫,还是《安仁道中》的陆游呢?

林盘是川西坝子的乡村最常见的风景:小桥流水,竹林里,掩映着一家家农家院落……但随着时代变迁,分布在川西坝子上的不少林盘已经逐渐消失。在这篇文章中,吴志维继续写道:

> 安仁古镇的王林盘,虽是新建小区,却最大限度地保留了川西传统的生产生活形态。社区广场上,一眼压水井,既给居民带来了方便,又留住了几许故乡的记忆。瞧,那个"费头子"娃儿正压水玩呢!这样的童年欢乐,唯独属于这乡间。
>
> 安仁古镇,离成都不远,离乡野很近,正是孕育文创,发酵乡愁的绝佳之地。

大邑县的特色美食众多,吴志维也会时不时写一写当地的美食,比如说王泗的庹血旺:

> 熟悉成温邛一线的游客,都知道大邑王泗有家庹血旺。到了这里,你不用点菜,坐下来老板都给你安排好。其他的菜,也来不及做,来这里都是吃血旺的。你看着一盆盆鲜红的血旺不停端上灶台,一桶桶米饭抬进大厅,食客们都心甘情愿自己盛饭,自

己舀耙耙菜和米汤，就知道他家的血旺有多霸道了。

业界公认，王泗新场一带靠近山区，屠宰的猪通常比平坝地区的更肥，产出的猪血口味也更适合食客的口味，这是庹血旺得天独厚的优势。

像这样地方文化的挖掘，也体现了一个乡创人的文化自觉。更多的时候，吴志维一头扎根在乡村间，在大邑忙活着他的"发现之旅"，并创建了一个名为"川西坝子的记忆"的公众号，吸粉众多，这种对乡村的热爱，是发自内心的。这才能洞悉乡村的变迁。比如他写民间灰塑艺人潘有余老先生：

在众多的灰塑艺人中，潘老是少有的能写、能画、能设计、能操作的。于是，潘老一直有两个想法：一个是出一本关于川西古建筑艺术方面的书，另一个是将灰塑技艺传授给热爱这门艺术的有志青年。他说："我的想法很简单，怕前人的东西失传，我们应该传承下来。"在潘老的构思中，这本书，浓缩了川西传统民居建筑，特别是林盘中的民居和公馆建筑木作、瓦作、泥作、石作、篾作等技法。要让后人拿着这本书，就可以照着书做，像教材一样传承技法。他常常叮嘱徒弟："手里的工具，要当成一支笔，把灰塑当画国画，大胆地利用明暗关系做出立体的。"

我也时常在吴志维的朋友圈"发现"其最新动向，在我后来写作乡村题材的作品时，也会有所借鉴，让我意识到自己对乡村的认知还需提升，最起码，对川西平原上的乡村风物、人物故事、习俗等等还有许多的空白。

同时，吴志维还与一些乡创机构合作，以切身经历阐释自己对乡村的认识。在一些乡村振兴培训班上，他还会讲《乡村历史文化挖掘》的课程。在他看来，留住"乡愁"，保留农耕文化，促进乡村优秀传统文化的传承和保护，是乡村文化振兴的前提与必然。这样的课程很是吸引人，让不少人知道，即便是穷乡僻壤的乡村，也是有历史文化可供挖掘的。

凑巧的是，有一回，吴志维和我在古镇上给一群小朋友讲如何发现乡土文化，我们先在古镇上走一走，在一些建筑或点位停留下来，给小朋友讲解故事，然后再集中给他们讲如何去挖掘、写好故事。吴志维以独特的视角来看乡土故事，给人留下深刻印象。

从理论到实践，吴志维一直在乡村的一线努力着。我曾想象如果是我的话，会一直这样进行下去吗？恐怕很难，至少不会像他这样坚持。对于乡村的未来，吴志维很看好，他说："乡村正在经历的变化，是一个必然的过程，一些传统会消失，而新的风尚会形成。"所以，他把更多的时间留给乡村。

有一个学者认为，这是乡村的"地域活化"，从生活质素出发，以地方文化为底蕴，融入美学养分与手作温度，透过由下而上，草根式的公民参与，自行发酵出一系列缤纷的地方文化产业，这与韩国的"新村运动"、日本的"造町运动"和"地方创生"，以及中国台湾地区的"社区总体营造"多少有些相似之处。这样的一个过程，看上去有些缓慢，却是一种最行之有效的方式。

2022年底，吴志维在大邑县三元场村的六坪林盘挖掘村史，经过数月的辛劳，在这里集中展示村庄的历史与文化，这样的展现方式，让村民对村庄有了新认识。这里有群宴厅、共享厨房、山货销售区等，有的建筑主体由乡土建造师梁冰设计，可看出这里具有乡土气息的村落文化。

多数时候，吴志维更像是单打独斗的武林高手，文章也是这样一篇，那样一篇，似乎不成规模，即便如此，在看似分散的乡土故事中，却呈现出自己的逻辑：乡村生活原本就是碎片化的，需要不断挖掘，才能让更多的人了解，这样才能更好地传承乡愁。

像刘应默、吴志维们这样挖掘本土文化的人，在川西平原还有很多很多。他们有一个共同的名字——乡创人才。

扎根箭塔村的小伍

在成都的乡村振兴过程中，蒲江县的明月村走在了前面。2009年以前，这个村还戴着"市级贫困村"的帽子，村民以种植水稻和玉米等粮食作物为主。那时候农业经济效益低，村里基础设施薄弱，道路基本上以狭窄的碎石路和土路为主。2013年4月，明月国际陶艺村项目正式启动，第二年，明月窑对外开放。明月村先后引入50多个乡村文创旅游项目和100余名艺术家、创客。明月村也先后获评全国文明村、全国乡村产业高质量发展"十大典型"、全国乡村旅游重点村等40余个国家、省、市级殊荣，入选了联合国国际可持续发展试点社区。

明月村的隔壁，就是箭塔村。

箭塔，位于蒲江县城以西约二十千米的甘溪箭塔村郭河坝。因为这里的古塔形似箭，便附会诸葛亮"桥是弓，塔是箭"，故其称为箭塔，民间老百姓俗称"蛮塔子"，当地村庄也因此塔得名为箭塔村。整塔塔身硕伟，上大下小，质地坚牢，高15米，边长4米。通塔都是由不太厚的火砖和黄泥浆砌成，历经千年岁月和数次地震都不倒，堪称奇迹。

伍茂源在去箭塔村之前，于成都的一个政府部门工作。2016年6月，他听从组织安排，参加了成都市第三轮第二批精准扶贫帮扶工作，来到蒲江县箭塔村担任"第一书记"。

刚满28岁的小伍刚到村子时并不被村民看好，有村民觉得"驻村挂职不就是走个过场"，对此小伍并未灰心，而是开始搞田野调查，了解村庄历史。他发现，箭塔村是川滇官道的必经之地，村里保存着诸多文化古迹，也有自己的文化。后来，他以此内容编辑了一册《箭塔图志》。

以前，箭塔村村民的主要收入来源是种植猕猴桃，小伍便请来农业专家在村里推广种植新技术，提高产量。

"以前，每家每户都要养猪，一到年底，村里人会把养了一年的猪用来祭祀，邀请亲朋好友聚餐，一起吃年猪肉。剩下的肉则经过腌腊制作后挂在墙上来年享用。"他听后两眼放光，"这不就是现成的文化'突破口'嘛！"伍茂源立马决定再现"年猪祭"，邀请"城里人"来村里过年。

就这样，小伍邀请村民们一起举办了箭塔年猪祭，发展乡村旅游。团结全村村民，挖掘传统资源，实现产业发展。

"最好的资源是你们自己，如果大家团结起来，一起参与乡村建设，就很好。"他这样对村民说。

2018年，小伍辞去公职，选择留在箭塔村生活、工作。这一年，我来到箭塔村参加作家卢树盈新书《重生》分享会。在此之前，我对这个村落所知不多。在村里行走时，当时就看到"年猪祭"的宣传，从民俗的角度来看，这是恢复乡村传统文化的一种方式，当时我并没有把这一活动与小伍联系起来。

这一年一度的"年猪祭"吸引了更多的人来参加活动。更让人意想不到的是，2022年11月，箭塔村的"年猪祭"活动入选四川省第六批省级非物质文化遗产代表性项目名录推荐项目名单。

小伍在箭塔村，敢想敢干，扎扎实实为老百姓做事情。村书记也从明月村的发展看到了箭塔的未来:"我们有历史有文化,做出的效果也应该很有特色。"

此后的几年时间里,小伍带领村里人不断在村庄发展的道路上前进。比如推动箭塔村从产业、文化到社区全面跨越发展,从寂寂无闻的边缘村落成为远近闻名的文创网红村和社区发展案例村。他所主持的箭塔村社区营造工作入围成都市 2017、2018 年社区营造优秀案例,入围成都市社会组织乡村振兴扶贫联盟《乡村振兴优秀案例》,入选社区营造专业教材《成都社区营造案例集》,入选万科公益基金会和恩派公益发布的《全国优秀社区治理案例集》,推动箭塔年猪祭、蒲草编织技艺、藕塘乌木泥水稻传统种植技艺成功申请"非遗"。

这让我很好奇,是怎样的吸引力让小伍宁愿放弃公职,选择留在乡村?

他是这样回答的:"辞去公务员回到曾经担任'第一书记'的村子里,并非头脑发热的决定,乡村振兴和美学社区营造,是我真正想做的事。"

刚辞职那会儿的小伍雄心勃勃,在他看来,箭塔村是可以大展才华的新天地,但在实际工作中,却还是有差距。他这样说:"离职的初心是希望箭塔村能够以社区营造激活村民参与乡村振兴的主体性,而一个乡村要发展和振兴,需要的东西远不是几个项目就可以满足的,一个可以深耕乡村、长期开展社会化服务的人才团队是关键。"

为此,小伍创办了成都吾乡乡村创业孵化器有限责任公司,为有志参与乡村振兴的人们提供全方位的支持,"它就是为解决驻村人才和在地人才面临的各种困境才出现的"。培育乡村人才,营造乡村社区,搭建城乡互动平台……

箭塔村的产业逐渐步入正轨。对小伍来说,这才是自己最为关注的事。

2022年5月，伍茂源被聘用为箭塔村抓党建促乡村振兴的首席顾问。"以前其实更多的主要是做箭塔村的社区营造及帮助村民，在有了这个身份后，我就可以参与到箭塔村的社会、经济、文化等多领域事业中了。"小伍这样说。

在小伍的微信朋友圈里，时常可见箭塔的最新动态：

今年全力着手吾乡创业孵化部的建设。从以人为本的理念出发，我们一直认为小农所需要的不只是农业技术的支持，更应该有直接TOC的宣传策划、设计包装、商业理念、信用背书、平台社群等服务的下沉。小农一旦穿过社区营造之门，觉醒成自我命运的主人，便会脱胎换骨。应该将每个乡居者都视为拥有无限可能的未来创业者、奋斗者和合作伙伴。多年的实践，我们在许多个案上都看到，农民一旦拥有与工商社会对话的能力，将会释放出多大的能量。如果个案成为一种机制，会汇聚成一个怎样超乎想象的超级蓝海和希望之地！既然你在，既然你愿意，既然你能，为什么你不做呢？

很显然，小伍不再满足是一位行动者，而是时不时变成思想者，思考着乡村的未来。对乡村振兴有着深刻的理解与洞察力，让小伍的工作做起来更接地气。

经过几年的发展，箭塔村也取得了可喜的成绩。现在，伍茂源所在的乡村创业孵化器已有10人，通过社区协商——社区营造的新模式，吸引了29名本土村民走上了创业之路，吸引了20名新村民来村创业，挖掘和引进了6项非物质文化遗产，农商文旅融合项目发展到40个，这种模式也开始在蒲江的其他村进行推广。

我们从箭塔村的发展来看，它最终选择了一条与众不同的成长道路：以一个全体村民共有、融合了村内所有重要主体（包括村两委和各新老村民团队）的公益平台为载体，来共同推动村庄的蝶变。

这种尝试，让我看到了乡村的多种可能性。乡村的每一场试验，不管最终结局如何，只要付出了青春和努力，就是值得的。小伍和团队的努力，也在拓展着乡创的边界。

乡村作家卢树盈

在我的身边,像小伍这样的青年,扎根乡村的并不在少数,他们放弃优渥的生活,却在这里找到了更多的用武之地,带领乡村往前走。

这或许是因为乡创的魅力。

2018年,作家卢树盈回到了箭塔村,并在自家宅基地上建立乡村作家工作室,工作室刚刚建好,我就来到这里,说实话,看到乱糟糟的乡村道路,以及略显凋敝的村貌,真是有点担心,在这里做工作室,前景到底有多大?会有人到这里体验乡村生活?不过,这对卢树盈来说,已经是迈出了第一步。

早在2000年,卢树盈夫妻俩在雅安中里镇摆起了一个水果摊。在做生意的这段时间,为了降低成本多挣点钱,夫妻俩常常凌晨起床到产地拉水果。"社保、医保都需要自己负担,子女的读书也是一块费用,算下来,一年的开支有八九万元。做生意看似轻松,却也面临着很大的挑战。"她这样说。那段时间很是辛苦,卢树盈也由此见识了形形色色的人,这给她的故事创作提供了源源不断的素材。她曾回忆起写作之路:

2008年,卢树盈的女儿读小学一年级,生活似乎一点一点地好转,但为女儿辅导作业时,卢树盈却感到羞愧:很多题她都不会做。就这样,为了给孩子做好榜样,卢树盈萌生了学习的念头。

一开始,她不顾家人反对买了一台电脑,学习打字。刚尝试时,四个小时才能打出十几个字,但这并没有使她气馁。利用卖水果的空闲,卢树盈不断用手机练习,不会打的字就记在本子上,回家查字典。就这样,她跨越了第一个难坎。

但这并不能满足卢树盈,学会打字后她开始尝试创作自己的作品,做起了她以前从未想过的梦——成为作家。她将自己写的文章发在一个贴吧里,几百字却没有一个标点符号,也不知道分段。但她的文章还是有人看,那些充满真情实感的身边故事让她收获了第一批读者。

接下来的日子里,卢树盈依然早出晚归卖水果。但只要有一点时间,她就会如饥似渴地看书,学习写作技巧。三年内,她写了一百多万字的废稿,终于发表了第一篇文章,这让她喜极而泣。

刚刚接触写作时的卢树盈,在媒体上陆续发表作品,很快加入了成都市作家协会,当时,家里人对此不是很支持,总觉得写作似乎是不务正业。卢树盈还是继续利用业余时间写作,这让我想起加拿大籍女作家爱丽丝·门罗,作为家庭主妇,"她在烧好菜的空隙写几页小说",就这样,最终问鼎诺贝尔文学奖。我的意思是说,卢树盈的这种精神更值得我们尊重。我还记得有次《故事会》杂志主编在龙泉驿做讲座,我邀请卢树盈参加听课,她来参加了活动,本来晚上安排住在龙泉驿,但她还是坚持回去,后来我才知道,她担心第二天回去晚了的话,无法照顾到水果摊。

2018年,卢树盈的《生死状元楼》与阿里文学网签约,线上订阅量超过保底量才有分成,但当时订阅量还未达到,保底价格也并不高。然而她一直在坚持,并努力地创作出好作品,这种不服输的精神,让人叹服。

这一年9月，卢树盈出版了长篇小说《重生》，蒲江县作家协会为这部小说召开了研讨会。现场反响很热烈，让她也很激动。于是，她萌生了在故乡箭塔村建立工作室的想法，自然，水果不能卖了。她说起自己的想法："这比以前卖水果好多了。至少不会被日晒雨淋。可以更安心地创作。"

尽管这被很多人不理解：好好卖水果，比写作更容易养家一些。从理论上来看，确实如此。但也仅仅是理论上，如果不尝试，可能就不会有那么多的改变。

这样持续写下去，让卢树盈看到了新希望。她开始尝试不再卖水果，而是进行真正的文学创作，她陆续取得了一个又一个成就：2018年，卢树盈创作的《送你一把草》荣获2018中国故事节·枫泾廉政故事会第一批好故事，同时还入选2018年度"中国好故事"提名。

2019年1月22日，"乡村振兴 文旅融合"2019全国"乡村春晚"百县万村网络联动蒲江分会场，在蒲江县甘溪镇藕塘村上演，卢树盈创作的《我们结婚啦！》被搬上了舞台。她因为创作优秀，被邀请到人民大会堂参加了中国文学艺术界2019春节大联欢。

可以说，在故事领域的创作，卢树盈在蒲江，乃至于成都成了一个标杆。

这对卢树盈来说，既是动力，也是压力。

在建起工作室后，卢树盈就萌生了新的想法：让城里的孩子来农村体验乡土生活。她上网学习视频拍摄与剪辑，将乡土生活制作成一个个小视频，发到网络上。记者看到，在卢树盈独立拍摄的视频中，她自编、自导、自演、自拍，搭帐篷、编花环、挖山药、烤山药、摘野果，展示了津津有味的乡土生活。

卢树盈还写了网络小说《伍小茂的新农村纪事》,而伍小茂的原型,就是扎根在箭塔村的伍茂源。这部小说介绍的是箭塔村在乡村振兴的路上所发生的许多变化。

这种变化,正是乡村振兴的具体表达。

这期间,我数次来到箭塔村,走进卢树盈的工作室,近距离观察这里发生的细微变化,这里虽然没有明月村那般的光鲜、耀眼,却有着自己的味道。

闲暇时光,卢树盈依然在田间劳动,这也成了家庭收入的一部分。到了冬天,她开始制作香肠、腊肉,"都是自家产的食材,很受欢迎。"同时,她也期望让更多的孩子从乡土中找到乐趣,发现本地优秀文化。要做到这一点不容易。

2021年1月22日,成都市作家协会为卢树盈乡村作家工作室授牌"成都乡村振兴文学创作基地"。

随后,工作室引进了"成都文艺名家讲坛",根据村民的需要,系统地讲授传统文化。这里还有"新苗培育工程",是针对乡村的孩子,教会他们认识身边的生活场景,接受乡土教育,这样的场景与传统的乡建有很大的不同:以现代观念去观察乡村的变迁。同时,她还为孩子们写小剧本,排练参与式戏剧,让孩子们角色扮演。她还组建了箭塔读书会,把一批热爱文学的人聚集在一起,她将自己的写作经验毫无保留地分享给大家,热心地为他们做指导。

"每次来参加活动的孩子都很多,他们在这里发现另一个世界,"卢树盈说,"文化改变了我们一家人的生活,文化让我觉得日子越来越欣欣向荣。"

定期的讲座,让山村的孩子认识了世界的广大。"我小时候,家庭条件不是很好,读书不容易,有了这样的体验,再来做活动,就知道现在的孩子看上去每天的内容很丰富，但在山村，耍手机玩游戏的不少，如果加以正确的引导，他们也不比城里的孩子差。"卢树盈说。

我没有去参加过现场活动，但从她给我提供的一些图片来看，也能说明，当下的乡村还需要阅读与陪伴。

2022年2月，箭塔村已入住"新村民"15名，开展各类培训、文化活动50余场次，引导村民学种养技术、传销售知识、习美德素养、育时代新人，极大地满足了群众生产生活多样化需求，呈现出新村民常驻、公益培训常开态势。而这也带动了卢树盈工作室的发展。

在某种程度上，乡创是理想主义者的一块试验田，需要的是行动派，而不是旁观者。卢树盈践行着自己的创作理想，看似平凡的工作，却做得极其有意义。她还多次被评选为先进个人。

2020年11月18日，卢树盈工作室获授中国首个"故事之家"，中国民间文艺家协会副主席沙马拉毅为其工作室授牌；2020年还被四川省全民终身学习活动周工作小组评选为"四川省2020年百姓学习之星"。

如果不是文学，卢树盈的生活可能还不会有那么多的改变。如果不是在乡村传播文化，可能她还不会在乡村走那么远。

这种乡村的改变，恰如明月村的村主任陈奇说的那样："它既不是传统的乡村，也不是城市，而是一种代表未来的理想生活方式——群体有共同的根，环境自然生态友好，人文关系舒展，易于建立经济循环，对外界有良性联结。"

乡创人践行着一种文化理想，让乡村变得更和美。

第三章 故事篇

从乡村建设到乡村振兴，成都，乃至于四川都有重要的实践。这种实践显现了四川智慧、成都经验。在民国的黄金时代，乡村建设在成都进行得轰轰烈烈，取得了一些可喜的成绩。但更多的是教训，比如在新都的实践，因涉及各方利益，在博弈的过程中弄得动静很大，县长陈开泗最终被调离了工作岗位，实践夭折。

在乡村建设过程中，既需要有良好的实践方略，也需有相应的制度保障，将实践落实下来，成为乡村发展的路径。三加二乡村联盟在川西平原的实践值得关注，就是其运行的模式，以切实的措施（"文创+乡创"）来推动乡村振兴。

任何一种社会实践，都需在实践中进行检验，检验是否符合现实需求，是否可以实现可持续发展。在"百年未有之大变局"的背景下，乡村也在经历镇痛，比如在成都，闹得沸沸扬扬的乡村复耕事件，经历了从"种房子"到种庄稼的转变，让老百姓对"天府粮仓"有了全新的认识。

实践证明了乡创的可行性，在明月村、斜源小镇、古城村、晏家坝具有实际操作性。这是一条可行的乡村振兴路径。因此,"故事篇"侧重于对这一发展的记录。期望能为其他乡村的发展提供可借鉴的方式。当然,乡村振兴的道路千万条,最为可行的是因地制宜的方式。在探索乡创的路径上,三加二乡创联盟始终在路上,即通过不断完善的乡创体系建设,为乡村振兴提供不竭的动力。

乡村建设在成都

民国时期的乡村建设，在今天越来越受到研究者的关注，但多集中于几位代表人物和事件。如果我们仔细考察，就会发现，这一场乡村建设运动波及面广，涉及不同的区域，且取得的成效各不相同。

倘若民国时期没有经历后来发生的战乱，也许这场乡村建设运动会产生令人瞩目的成果。但历史没有假设，就如同历史的长河一样，逝去的永不再回来。当我们回顾乡村建设运动时，就会看到，在成都也有着非常丰富的实践内容。

1

出成都北门，行十多千米，即抵新都区。《新都县志》记载，新都建治于春秋末期，是"古蜀三都"之一，西汉置新都县，已有近2800年历史，以蜀王开明曾徙都于此，取新置一都之意而命名。新都区是2001年撤县设区的，但在历史上，其多次更名，辖区范围也多有变迁。1935年，国民党政权统一川政，设四川省政府，将四川省划分为18个行政督察区，新都县属第一行政督察区，直至新中国成立。

在新都历史上，是长期以农业为主，1983年，新都县出版了一批油印的乡志，还能看到，新都县除了县城外，所谓乡镇，也只是一个很狭小的空间，更多的空间还是被乡村所占据。

时间回到1920年，四川正处于军阀割据纷争时期，但防区制基本上稳固了，加之政界上层与地方上的贤达人士也逐渐意识到乡村的衰败与乡村建设的意义。这也在客观上促进了乡村建设运动的开展。1937年开展的新都实验县，是中华平民教育促进会主导乡村建设运动过程中，四川省设立的第一个实验区。

在对新都实验县进行回顾时，我们不难发现，新都实验县所面临的社会状况复杂，其中就涉及国家与新兴社会团体的关系、外来主体与本土地方社会的关系、国家与地方社会的关系、中央与地方实力派的关系等多重因素。这与今天的乡村振兴有着许多的相似性。

1936年春，刘湘电邀在定县的晏阳初到四川办"乡村建设"。当年夏天，晏阳初夫妇偕美籍秘书金淑英（译音）及陈筑山、傅葆琛、霍俪白、陈行可等到成都筹设"平民教育促进会成都办事处"。

1936年10月，四川省政府成立四川省县政建设设计委员会，并由平教总会负责组织，起草"川省设计施政新方案"，这方案内容包括十一个纲，五十余目。按照晏阳初的设想，在实施新方案之前，"先在成都省会附近划一县为实验县以试行新政；有成效时，然后推行全川"。

经过社会调查，设计委员会决定选择新都作为实验县，直接受省政府监督。由此，新都成为继定县、衡山后的第三个平教会参与的县政实验县。

1937年4月11日，实验县正式成立，由晏阳初推荐的陈开泗任县长，因为陈"曾在兰溪实验县等地工作，对于县政改革、推行土地陈报等具有经验"。陈开泗（1906—1998），巴中县恩阳镇人。1932年6月，陈开泗于"中央政治学校"毕业后，被分配到浙江省民政厅第四科，从事土地管理工作。由于他工作出色，第二年便被提拔为兰溪县土地科科长，先后担任金华县县长、湖北省黄冈县县长。

王化云在《新都事变始末》里说，按实验县之规定，新都虽隶属温江专区，但直接接受省政府指挥管理，所有行政用人权力由县长按新规定办法办理。陈开泗就大刀阔斧地干了起来。《晏阳初在新都的平民教育实践》一文里这样介绍陈的工作：

> 陈开泗上任后励精图治，大刀阔斧地开展工作，实行"管、教、养、卫"合一，内容包括：组织保甲、按期呈报户口变动；保设小先生导师制扫盲，编印适合农村需要的乡土教材内容。陈开泗坚持晏阳初平民教育的宗旨，并告诫下属："教为绵延文化之主要工具，而一国之兴衰强弱，不仅以人口多寡与土地大小为断，恒以其文化程度高下为转移。文化程度高者，其国之生存力强，有不可侵侮之潜势力在；文化程度低者，其国之生存力弱，虽因某种原因可称雄于一时，而颓靡之机可伏，灭亡可待，故教育关系文化之发展，文化决定国势之隆替。中外史实昭彰无可否认。"他还说："我国文盲约80%，有识之士举为隐忧，教育救国之论，极堪注意。为求迅速有效起见，则组织教育实施，实为必要。"
>
> 为了在全县有效实施平民教育计划，新都实验县特选西门外天缘乡为教育实验区。在离城八里的天缘桥旁建草房20余间作"教育实验区"办公处，并利用一座古庙创办教育实验小学，办公处设主任一人，指导员一人，均由县府委任。实验区办公处在主任、指导员之下，配备男女导师若干人，书记一人，由主任聘请，报县府备案。根据工作需要又分设儿童部和成年部，成年部又分为男青年部和女青年部，各部分别设负责论文范文的男女导师若干

人。在实施教育的过程中，拟订了教育大纲和实施方案，按照教育大纲和实施方案在实验区开展了卓有成效的工作。

1938年1月，刘湘在汉口病逝，王缵绪代理四川省主席。新都一拨不满新政的士绅趁机闹事。同年，四川省政府（当时陈筑山任秘书长）为推广"实验县"的办法，提升陈开泗任第一区（温江地区）行政督察专员。11月10日，川西各县哥老、团丁千余人（一说五千余人）突然包围新都，要求停止征兵，撤换县长陈开泗，取消实验县，即造成四川有名的"新都围城事件"。

最后，新都停办实验县，陈开泗被撤职。赛珍珠在《谈平教运动》中，引用晏阳初的话说："在十八个月的短短时间，我们在县财政、土地登记、民团组织、人口调查各方面表现出大家公认的成绩。尤其是最后的三项工作是这一次新都的实验。"

新都实验县刚刚有好的发展迹象，就因为触动了一些人的利益，被无情地扼杀了。

2

在过去，所谓成都，是成都府的成都县与华阳县的共称。华阳县是不折不扣的千年古县。史料记载，华阳县建县于唐贞观十七年（643），初名蜀县，由成都县析置，为蜀郡郡治成都府的附郭县。乾元元年（758），更名华阳县，治所曾一直在今成都城内。1950年，华阳县治所迁至中兴镇（今成都天府新区华阳街道）。1965年，华阳县被正式撤销，并入双流县。

府河蜿蜒而行，流经华阳县的一个名为傅家坝的地方，这也是依牧马山而建的乡场。《成都通览》说："傅家坝即永安场。出地瓜。"

1893年5月9日，傅葆琛出生在傅家坝。其父亲傅世炜，字鄂伯，一字桐澂，成都府华阳县人，原籍湖南宝庆府武冈州，光绪十五年（1889）进士，授翰林院编修，国史馆协修，光禄寺署正，后外任陕西凤翔、汉中、西安府知府。其母亲也是出身于书香门第，故傅葆琛受到了良好的教育。

傅葆琛毕业于清华大学，留学美国康乃尔大学、耶鲁大学，获"乡村教育"博士学位。1924年回国，是年冬天，傅应平民教育家晏阳初先生的邀请，参加了中华平民教育促进会总会工作，担任了乡村教育部主任及《农民》报总编辑。1925年至1927年间，他在河北省保定地区，主要是在定县，与晏阳初等教育人士，一同开展了中国教育史上著名的"定县平民教育实验"活动。他编写《农民千字课》，并写了许多有关平民教育的文章，在一些教育刊物上发表。他深入农村实践，主持开展了许多农村文化教育、宣传、卫生及管理活动，总结了许多平民教育的经验。

1924—1926年间，傅葆琛先后7次下乡进行视察，足迹遍及保定、张登镇、高阳县、北登村等二十余个县镇，他兢兢业业地深入上千个农村进行调查研究，脚踏实地地了解中国乡村和农民生产生活的实际情况，体会到在中国乡村办教育的艰难。

为什么要重视乡村平民教育？我们不妨来看看他的思想：

（1）改变乡村落后现状：傅葆琛认为，实行乡村平民教育可以改变乡村落后的现状，改善乡村人民的生活。傅葆琛结合国内外的农业情形，总结中国农业衰落、农民困苦的原因，即"西洋各国的农民有教育，中国农民没有教育"，因此，要改进农业，复兴经济，"必先提高农民的知识，普及农民的教育"。

（2）推进乡村建设运动：傅葆琛强调，不能依赖城市建设乡村，因为"乡村是都市的大后方，是都市的供应处。我们要想繁荣都市，振兴工业，必须首先建设乡村，发展农业。农业发展，工业才有仰给，乡村巩固，都市才有所凭借"。傅葆琛希望乡村平民教育使乡村人民获得基本的文化知识，养成经济独立的能力，培养乡村建设的人才，改进乡村社会的不足，调和乡村与城市的优缺点，因此，乡村平民教育的使命十分重大。

（3）促进国家繁荣富强：傅葆琛感慨现在中国广大乡村有太多人没有接受过教育，没有公民意识，根本无法担起选举的权利。他希望通过让乡村人民接受教育，提高国民意识，提高中国的国际地位。

这以后，傅葆琛先后在清华大学、北京师范大学、燕京大学、辅仁大学、齐鲁大学等高等院校执教。不管他在哪里工作，离不开的都是乡村和乡村教育。

1936年秋天开始，到第二年的春天，傅葆琛被四川省政府聘为设计委员会专门委员，他研究教育问题，曾到新都及川南、川东调查教育设施，提出改进意见，发表了《四川各县教育调查之经过及调查后发现之问题》等文章。

从乡村教育到乡村建设，不只是理念的转变，更有着对现实的考量。

1937年秋，抗日战争爆发后，傅葆琛带着二儿子从上海启程回成都，先后担任四川大学教授及华西协合大学教育系主任。1943年，他在华西大学改任乡村建设系主任并兼任文学院长。

在学校里，傅葆琛的讲课也迷人。毕业于华西协合大学的吕德志在《忆我良师——傅葆琛教授》一文里这样回忆说："豁达，乐观，朴素无华，平易近人。讲课词语典雅、生动，逻辑性强。简明扼要，条理清晰，使人印象深刻。老师的课，他系同学都愿选修。至今想来，我们这几十年在怎样做人、怎样教学上都受益匪浅！他经常勉励我们，要忠于人民的教育事业，热爱祖国。老师把自己一生献给了人民教育事业，真可谓鞠躬尽瘁！"

做乡村建设，仅有教学还不够，还需要在平台上推广教育思想。1947年1月，《华西乡建》月刊在成都创刊，属于农村社会学刊物，发行人傅葆琛，主编马秋帆、张世文，由华西大学乡村建设系文化生活出版社出版，总经销处为开明书店，每册售价150元，主要作者有傅葆琛、赛珍珠、张世文、马秋帆、蓝天鹤、言穆源、何绍惠、刘百川、刘运筹、毅生等。关于这本刊物的内容，有这样的介绍：

> 刊登有关乡建理论与方法的论文、国内外乡建的动态、乡建书报评介、有关乡村问题的报告、文艺，并刊载关于一般建设的现行法令。主要载文有傅葆琛的《戴天放先生与乡村建设》《乡间运动总检讨》，张世文的《农村建设运动给我们的启示》，周景福的《介绍四川第一农业推广辅导区》、傅葆琛的《华大乡建系统概况》以及本刊资料室编辑整理的《乡建情报》，此外本刊还连载了由赛珍珠所作、毅生翻译的《告诉人民》，宣传农村建设运动。
>
> 本刊详细论述了当时的乡村建设问题，包括如何进行科学的乡村建设、论述农业工业的配合问题、农业金融与乡村建设之间的关系、地籍整理与乡村建设之间的关系、中国农村社会调查运动发展的途径、地方建设问题以及农村运动的使命，号召建设有教育性的农民组织，挽救乡村破坏，以求文化复兴，推行乡村信用合作社事业。此外，本刊还论述了康藏的游牧社会，对于西康

建设的认识，以及宗教迷信对于康藏农村的影响等。

本刊是由华西大学乡村建设系发行的关于如何进行乡村建设的刊物，详细地论述了当时乡村社会的现状以及如何进行乡村建设、农业建设等问题，对华西大学乡村建设系的活动开展有着重要的指导与宣传作用，为我们了解当时中国的乡村建设的具体内容提供参考资料。

2022年4月，我在孔夫子旧书网上查找《华西乡建》的信息，看到一本刊物要价3000元，实在是高得离谱。这本杂志对了解民国时代的四川乡村建设是非常有价值的。

故乡情深。1939年举家迁回永安，他看到家乡文化、教育落后，贫寒子弟缺少受教育的机会，于是在傅家坝傅家祠堂办起了乐育小学，并亲任校长，不久又创办了乐育幼稚园，1941年又创办了乐育中学。国难当头，他却历经千辛万苦，克服了校舍、师资、经费等许多困难，将乐育教育办得有声有色，使得在中国西南偏僻一隅的牧马山麓响起了琅琅的读书声；在美丽的锦江上空回荡着抗日的歌声。此外，他还制订了永安乡全面建设计划，涉及文化教育、清洁卫生、农工发展、交通运输、治安管理，还包括风景区和锦江岛上公园的建设。在永安，他还编了《我们的家乡是傅家坝》的歌词，并请当时华西大学的音乐教师、女高音歌唱家郎毓秀配曲演唱。这首歌在乐育学校中传唱，至今脍炙人口。

我们的家乡是傅家坝，
远望见好像天然图画。
青山高，水流长，可爱的家乡啊！
这里的人民哪个不爱它？

这茫茫伟大的世界啊！

几处世外桃源？

截至1949年12月，乐育中学共招收男女初高中22个班，789人。

同时，傅葆琛还先后创办了简阳共和乡傅家坝实验区，威远县升平乡实验区，以及华阳等地的实验区，继续推广他在河北定县开始的乡村平民教育的实验。

简阳共和乡傅家坝实验区内设工厂、农场、职业学校。职业学校招收小学毕业生，经考试录取40人。课程设有精神陶冶、乡村建设、乡村应用文、自然科学、农业常识、公民训练、家事、农艺、体育、军训。其教育方针是手脑并用，工读并重，文武合一。

傅葆琛在家乡兴办平民学校的事迹，引起了成都教育界的关注，一时间访问学习者络绎不绝。

他的这种实干精神，在今天的傅家坝依然广为传颂。

3

在成都周边，乡村建设除了新都实验县与傅葆琛的实践之外，还与大学合作，开展乡村建设活动。

抗战发生以后，不少大学疏散到内地。1937年11月，南京国民政府迁都重庆，南京金陵大学农学院也跟着迁来成都。随后，农学院为实验"乡村建设"创立基地，与四川省第一行政督察区专员公署签立合约，合力进行温江乡村建设工作，合约是这样约定的："实验时间暂以三年为限，自'民国'二十七年七月一日起，至'民国'三十年六月三十日止。乡村建设费用由专署在温江县经费项下，每年拨支

3 200元，不足之数，由农学院斟酌实际需要补助之。"

为了更好地搞乡村建设，温江县正式成立"温江县乡村建设委员会"，由县长兼任乡建会主任，而实际负责设计、推广的执行人，是金陵大学农学院人员任碧瑰（任碧瑰系金陵大学农业专修科第一期毕业生，曾在安徽乌江乡村建设实验区工作多年），任总干事。乡建会在温江共活动了两年多的时间。不过，在刘平的《抗战时期温江乡村建设运动述论——以"农会"为中心的考察》一文里提到，温江的乡村建设与乔启明有很大的关系。

乔启明（1897—1970），字映东，山西临猗人。1919年进入金陵大学农学院农科学习；1924年毕业并留校任教；1932年前往美国康奈尔大学农业经济系深造，专攻农村社会学，获硕士学位；1934年离美回国并继续任教金陵大学农业经济系，后历任金陵大学农业经济系主任、国民政府行政院农产促进委员会主任委员、农业部农业推广委员会主任委员等职务。乔启明作为金陵大学农业经济系的首届毕业生以及国内第一代农业经济专业人才，他非常重视金陵大学农业经济系理论联系实际的传统，强调乡村建设中的实践调查和改良实验，曾长期参与和主持民国时期安徽和四川等地的乡村建设运动，如战前的安徽和县乌江实验区。抗战期间，乔启明随金陵大学西迁成都，为了继续推动其乡村建设实验，他以迁川的金陵大学农业经济系为依托，与四川温江行政专员公署洽妥，得到全国农产促进委员会（乔任该会技术组主任）的资助，在温江县组织乡村建设委员会，发动农民组织农会，开展了以农会为中心的乡村建设实验运动。

乡建会在温江开展了卓有成效的工作。1940年10月，登记的合作社有140个，联合社5个，社员6697人。关于农会，任碧瑰曾说："夫乡村建设之对象系农民，其目的为改造农村环境，提高农民生活，引导农民参政，实施地方自治，设农民毫无组织，将何以接受乡村建设之方法，有组织如系被动，亦殊难永久。故乡村建设须农民先有组织，并须基于自觉、自动、自治、自享的农民自有的团体，盖凡事唯有本身最关心，非可由外界团体越俎代庖，根据作者经验，合于上列条件农民团体最适当者莫过农会。"

不过，在温江，农会可是有着悠久的历史。早在1915年10月1日，温江县士绅王允中等18人曾发起筹建乡农会组织的倡议，后虽有所发展，但时值防区分割、军阀纷争，加之经费拮据，会务逐渐停顿。1927年，县民骆恩惠等按照国民政府公布的《农民协会组织条例》筹建了农民协会，会员1万余人，但在1931年5月被四川省建设厅下令撤销；同年6月2日，省政府又以农户逐年减少、各地农业无人讲求改良和发展为由，下令成立农会，农会组织随即恢复，并于1936年8月进行改组。到1938年，在温江乡村建设运动的背景下，经温江乡村建设委员会的辅导，乡农会的组织状况获得进一步发展。

在乡建会成立一年的时候，负责农会推行的总干事任碧瑰这样总结："温江农会成立以后，对政府推行政令、宣传兵役、解释土地陈报之功用等的影响很大。尤以执行战时国家生产政策，实有相当贡献，如油菜及大麻（当地的一种经济作物，可用以织麻布或纺线，编织渔网和造纸；种子可榨油，供作油漆、涂料等）之推广，皆顺利进行。至若提高农民经济利益之收入，增进农民教育程度，奠定民治基础，颇足称道。"很显然，这些成绩与乡建会的领导者有关。

杨世茂在《金陵大学农学院在温江实验"乡村建设"》一文里介绍，在这段时间，成立了农村互助合作社、举办农业实验补习学校、辅导乡村完小开办农事补习班、组成"永兴镇乡村教育促进委员会"，实施战时教育文化、乡村建设丛书编印社等等。在某种程度上，乡建会还是以乡村教育为主要内容。

这里且说乡村建设丛书编印社，这是乡建会的业务部门之一，在 1939 年，先后出版发行图书、期刊十余种。

理论、报告类：《温江县乡村建设概况》《温江县永兴镇农业补习学校概况》《温江县乡村建设委员会表册汇编》。

农民读物：《不开通的老王》《招摇撞骗的李老太爷》《忍气吞声的张老三》《深明大义的 XX 会》。

此外，还编有《新三字经》供农民学校作课本用。这个课本在温江、郫县、仁寿县都有销售处。

期刊有《温江县乡村建设》第一期和第二、三期合刊。

从这些书刊的内容来看，乡建会还是期望通过农会与乡村教育相结合，培养出新型的乡民，这也有利于乡村建设的持续开展。

1940 年 1 月 28 日至 2 月 8 日，乡建会联合县农会，召集各乡农会小组长及有关从事农业的青年一百余人，在金陵大学农学院与中央农业促进委员会合办的"川西园艺苗圃场"（场址隆兴镇）举办农业推广训练 10 天，所讲授的课程包括公民训练、地方自治、地方教育、地方建设、兵役法令、禁烟法令、农会经营、农业推广、农业改良、农家记账、农村经济、农村社会等。

这样的课程很有针对性。不过，在创办《温江县乡村建设》之时出现了风波。根据《温江县志》，"该刊本依托于温江乡村建设丛书编印社，但因后者涉嫌被中共地下组织'操纵''利用'并'企图'印刷'反动'书籍，被国民党当局强行解散。由此，出版共计三期的《温江乡村建设》于 1939 年被废止，目前仅存《温江乡村建设》（创刊号）于四川大学图书馆。"（《温江文史资料选辑》第二辑）

同时，在讲习会的毕业典礼上，乡建会从成都生活书店购买了一批通俗读物,作为成绩优秀学员的奖品。然而,这些"进步"图书引起了国民党县党部的注意。随后,这事闹得越来越大,最后,乡建会在当局的影响下,不得不中止活动。

尽管如此,温江的乡建还是取得了成效。在温江乡建一周年之际,"经济方面因办仓库储押获利达 40 000 余元;教育方面除 5 000 余会员的受训练外,会员子弟及高小学生受得农业知识者计 400 余人;至于生产方面仅以作物及牲畜而论收入(约)增加 20 000 元以上""此外如农民地位之提高,家庭卫生之改善,迷信之破除,文化程度之增进等,无往不予整个农村社会有利"。倘若这一场乡建运动持续进行下去,应该是可以取得更大的成绩。当时,就有人评价温江乡村建设运动时说:"以组织为中心,发动农民自觉、自动、自给、自立农会,联合各方面力量从事乡村全盘事业的发展,这是抗战期间建设乡村的一个新动向。"

4

作为一种社会实践的乡村建设运动,在民国进行得轰轰烈烈。四川的乡建运动与全国的趋势几乎是一致的,因为种种原因没能继续下去。这确实是一大遗憾,但对于当下的乡村振兴而言,亦有可借鉴之处。比如土地问题、乡村教育问题等等,都是绕不过去的话题。

这几年,我在关注脱贫攻坚时,也在注意民国时的乡村建设,尤其是涉及成都周边地区的活动。这种关注,让我对当下的乡村发展有了更多的期许,就大环境而言,当下的乡村振兴有更多的优势,比如社会稳定、乡村发展的愿景等等,都有很大的不同,却又是一脉相承。但这一场社会变革是不是能超过民国时的乡村建设呢?这也值得期待。

明月村实验

三加二乡创联盟还没成立时，三加二读书荟就在开展乡村阅读的基础上，涉及了乡村振兴这一块。位于蒲江县甘溪镇的明月村即是最初的实验地点。明月村有着悠久的历史文化。据说很多年前茶马古道也曾经过这个村庄，如今在明月村已找不到当年茶马古道的遗迹。尽管如此，我们依然可以穿越历史时空，看到这个村庄的过去，旧时代的明月村几乎可以用一穷二白来形容，"村民收入低，居住环境差，村民们大多是外出务工，留在村里的是老人、儿童"。

传统村落被认为是农耕文明村落民居的"活化石"，但由于大多都集中在交通不便、经济落后的地区，得不到有效保护，于是，其面临着数量锐减、毁坏严重、污染威胁等问题。具体到明月村来说，其长期以农业生产为主，虽然有茶叶、竹笋等经济作物，但因种种原因而经济落后。就是这样一个传统村落，在过去，要想走上脱贫致富之路，并非易事。综合来看，无论是交通还是经济发展，明月村并没有太多的优势。但随着脱贫攻坚在整个中华大地上逐步推进，明月村也在通过多种渠道尝试改变这种落后的面貌，这个过程是缓慢的。

这里且说三加二读书荟与明月村的结缘，是源于"三"当中李敏女士的一次偶然发现。2018年6月出版的《新城乡》杂志曾对此事做过报道：

> 明月村烧窑的历史从南北朝就开始了。但在2009年之前，明月村还是一个市级贫困村，村民种茶、种笋，日出而作日落而息，与周围村子也并没有什么两样。虽然村子里有一口300多岁的古窑，据说是当今唯一一座"活着的邛窑"，但那座窑在当地也只是有一个非常接地气的名字"张碗厂"。因2008年的地震，古窑受灾停产。
>
> 缘，妙不可言。2011年，从景德镇来的制陶大师李敏，第一次到明月村，就被这口窑吸引了。这一眼的缘分让她流连驻足，最后，她决定离开景德镇，到这里来成立一家公司，正式接管保护这口老窑，并赋予了一个新名字——明月窑。
>
> 李敏入驻后，明月窑开始以纯手工制作和天然矿物釉为特色，在传承唐代邛窑古风的基础上，打造"明月窑"的品牌。李敏还有一个身份是旅游策划人，她给蒲江县政协原主席徐耘写信，计划通过恢复明月窑，在明月村建立起以陶为主的手工创意聚集区，用3—5年时间将明月村打造成为陶瓷文化的国际旅游目的地。
>
> 但2014年2月14日，李敏剃度出家。明月村以陶为本走文创兴村的路将怎么继续？

在这种情况下，一直帮扶明月村的蒲江县政协通过研究后，指出了继续打造"明月国际陶艺村"的方向，组建工作组统领项目规划和招商工作。这时候，乡村建设人陈奇就出现在了明月村的视野当中，她的任务是为明月村引进一批新村民成为"乡创+文创引擎"。而成为这背后推动力量的就是三加二读书荟，徐老师更是幕后推手。

同时，当地政府为明月村"安居、乐业、家园"的生活理想提供建设基础和制度保障。将农民闲置的农家小院，以十五至二十年的租期租给艺术家；调剂到明月村约十二公顷国有建设用地，规划为四十年产权的商业用地，通过土地招拍挂引入多元化的社会资本。公路、栈道……基础配套设施也相继落地。

2014年6月24日，明月村开村时，我应邀去走访这个村落。徐老师说："三加二读书荟在过去做读书分享、阅读推广的基础上，又前进了一步，在这里，我们建造明月书馆，开设明月讲堂，进行着的是一场乡村实践。"无疑，这与二十世纪三十年代的乡村建设运动的背景有很大的不同。如今的乡村面临着围绕提档升级、乡村振兴的高度来发展的挑战。在这种情况下，既要有经济发展，也需新文化的注入。简言之，三加二读书荟在乡村振兴这一运动中担当起怎样的角色？对此，读书荟的负责人进行多次商讨，走访乡村，探索可行的路径，最后还是选择在明月村试点。

在明月村南入口的接待中心，大厅一面墙上挂着二十多位"新村民"的照片和简介。四川省工艺美术大师李清、水立方中方总设计师赵晓钧、诗人阿野……其实这只是一部分，现在明月村的新村民已经有一百多位。在开村时虽然只有几位"新村民"加入，就已显现了不同的乡村图景：充满生机的新村民，老村民也在其带动之下进行思想更新……在这个过程中，每个村民都面临着新挑战，但"共同的期待"铸就了村庄的未来。让我们来看看这些新村民：

原电视主播、金话筒奖得主、服装设计师、作家宁远，是最早的一批新村民之一。她租下农民院落改造后成为"远远的阳光房"草木染工作室。目前,阳光房已成为明月村公共艺术空间之一。村民也可以在这学习、工作、创业,既传承乡土工艺,也配置当地产业。

寒山是一名画家,因喜爱明月村的松树和明月而留下。每日清晨,他背着背篓在村里四处游走,认识脚下的土地和身边的村民,然后回屋画画、研究草木染。一个月后,寒山在明月村开村仪式上献出《明月松间照》主题水墨画展。得闲的时候,他便教村里的小孩画画。大家都很喜欢他,常有村民把自家的鸡蛋、蔬菜、香肠给他送去。

水立方中方总设计师赵晓钧是应友人之邀来明月村的。陈奇带他去参观陶艺项目。恰好遇上电路调整,八十四岁的陶艺技师张崇明踩在半米高的凳子上去开电源,说什么也要让客人看一看制陶过程。往回走时,他们遇到一位六十多岁的老村民,跟着他们走了很长一段路,就为从田里摘两棵青菜给"奇村长"。这两件小事让赵晓钧很感动。第二天清晨,他给陈奇发了一条微信,决定入驻明月村。

2015年,陶艺师廖天浪在村子里租下一间农房,把自己的火烧窑工作室在这里安了家。廖天浪说,他喜欢这里,一个月大约有二十多天都住工作室。"这里的村民不排斥外人,我们串门是常态,路上碰到,多远都打招呼,"廖天浪说,"制陶在这里是传统,很多老村民都会,并且他们知道村子里哪里的泥土可以制陶,还都会热心地告诉我。村民可能话很糙,但他们的理很正,新村民要带着低姿态去和村民打交道。"

此后,陆续有不同领域的"新村民"加入这一场乡村建设运动。

无疑，这些新村民的入驻，让明月村不再是以农业为主的村落，而是变成了新村民与老村民混居的生活样态。三加二读书荟从明月村的实践中看到乡村振兴的新思路。对读书荟来说，阅读在乡村振兴中依然有着不可替代的作用。于是，明月书馆和明月讲堂就在这样的背景下扎根明月村。

明月书馆是在蒲江县文广新局的指导下，由甘溪镇龙泉社区图书馆、明月村农家书屋和新民村农家书屋合建而成。明月书馆由成都三加二公益阅读推广中心托管，服务明月村、新民村、龙泉社区三个村社六千余人，实行免费阅读。

针对当地发展文创产业、打造乡村旅游，明月书馆推出包括"明月讲堂""明月夜校""明月画室"等在内的系列活动。在开村的那天下午，就举行了一场"明月讲堂"，一群热爱阅读的人围绕在一起探讨乡村阅读，我留意到也有村民参与到活动中来，听一听专家对明月村的建议和设想。

明月讲堂此后邀请来自北京、上海等地的嘉宾，为村民们讲述乡村建设、社群营造与文化传承等，至今已举办四十余期活动。七十多岁的村民周明忠是明月讲堂的常客，平日里，他就很喜欢到明月书馆看书，讲堂更是一期不落，很爱跟嘉宾沟通，这样的乡村公共文化，让他觉得收获很大，想不到在乡村也能听到这样高质量的讲座。

2016年5月29日下午，明月讲堂第六期开讲。这一期邀请到的嘉宾是中国台北市原副市长，现任中国台湾地区文化创意产业联盟协会荣誉理事长、Smart Culture 两岸文创志发行人的李永萍，她为大家分享了中国台湾地区的文创经验、文创与农创如何创意美好生活、创意如何带动当地产业发展、"台湾当局"在其中扮演怎样的角色及行动策略。她在讲座中谈道："不可忽视的文创关键词：多元、跨界、分享经济；乡创的关键词：跨界、共生、传统产业升级，把年轻人拉进农村，带来新的生活和无限的创造力。一个文创区没有以上关键词是很难成功的。"这样的理念在川西平原的乡村是第一次出现，新鲜且具有冲击力。而这正是三加二读书荟所期望的"通过思想的转变，给乡村的未来注入更多的活力"。

"明月讲堂通过一系列活动，不仅在明月村推广乡村阅读，同时分享乡村营造的理念。"邓淙源说，除了邀请"新村民"反哺"老村民"，还专门邀请了很多来自北京、中国台湾等地的乡村建筑师、乡村规划师、文化专家等，为村民提供包括乡村文化、乡村建造等相关内容的讲座。

不仅如此，三加二读书荟还提出了助推明月村发展的"公益+文创"模式。明月村用两年时间做模式研究、规划设计与路径研究，谋定而后动，集操盘手、设计师、运营者、艺术家的智慧，一推出就不走寻常路。明月村现在已经由一个偏僻的古老村落蜕变为一个连接传统与未来、乡村与城市、艺术与自然的人文村落，成为政府、专家、媒体、民间关注和聚焦的新农村建设模式的先行者与实践者。而这种乡村建设恰如水立方设计师赵晓钧所言："乡建不是扶贫，不是保护，不是逃避，不能让城市病翻版到农村，要顺天合道，不能用力过猛，新乡村的群体是特殊的，需要有共同的根气，自然生态友好，人文关系舒展，建立经济循环，对外界要有良性联结。"

明月书馆以及所开展的系列文化活动，正如聂震宇所说的那样："开展全民阅读活动，乃是为了改造社会广大人群的精神生活。精神的问题需要用精神的办法来解决。推动全民阅读，还需要更多地在改变人们的生活方式上去寻找动力，要往人们的精神活法上去寻求理由。"在经济发展的基础之上，让村民享受到更好的精神生活，这才能达到乡村建设的美好状态。

在经过数年的运营之后，明月村已成为"网红村"，央视还对其进行新闻报道。不仅如此，明月村先后获评中国"十大最美乡村"、"全国乡村产业高质量发展十大典型案例"、全国文明村、全国乡村旅游重点村、中国乡村旅游创客示范基地、中国传统村落活化最佳案例等一系列国字号招牌。2021年，明月村接待游客26万人，实现旅游总收入1.03亿元，旅游产业带动当地经济增收5300万元。这样的成绩，让许多乡村刮目相看。

后来我也多次到明月村去，并看到了村庄持续生长的生机。"老蒲扇，草木染。大荷塘，小酒馆。"这是《明月甘溪》中的一句歌词，显现出了明月村生活的独特之处。

很显然，三加二读书荟在明月村的实验，使得其在做好阅读活动的同时，也尝试着转型，谋求乡村向更广阔的世界发展：不再局限于乡村阅读，而是以"公益+乡创"的方式带动更多的乡村走向致富之路。

不过，在明月村的发展史上也时有插曲出现。2022年5月，"五一"假期刚刚过去，我在朋友圈偶然看到明月村"明月樱园"的"转让明月樱园，或寻找合作伙伴"的信息：

> 明月樱园2018年试营业，是当地知名经营项目，年均客流约3万人次。现在正常经营中，日常收支基本平衡。
>
> 该项目由我独立投资经营。因种种原因，未能实现原定经营计划。主营业务即产品生产计划没有实现。目前债务（建设资金缺口）即将到期，为了按时履约还债，我决定部分或全部转让此项目。

这确实是让人没有想到的事情。我还记得此前时不时在朋友圈看到明月樱园的信息，那时还相信这里会是乡村振兴的新亮点。但这两年遭遇新冠疫情，一波接着一波，自然就增加了难度。当然，这并不是说乡创在今天遭遇到了前所未有的难题，事实上，乡创项目的成功是由多种因素构成的，而明月樱园所遭遇的只是其中的一种可能罢了。

不过，樱园的转让问题最终得到了妥善解决。这样的故事，让明月村多了谈资。

很显然，今天的乡村发展所面临的挑战仍是极大的。至少不是带项目到乡村就可以实现振兴，而是需要持续地"努力寻找希望"。

"乡创是有一个逐渐发展过程，需要的是多方合力，才能营造出乡村未来发展氛围。"徐老师这样说。确实，在乡村建设的路上，百年来所走的路径看似跨度很大，实则进展缓慢。

在谈到乡村的发展时，致力于社区营造的明月村新村民夏莉莉说："随着城乡之间的互动越来越多，孩子们在新生活的气氛中日渐长大成人，懂得约束自己和考虑他人并习得如何照顾环境和保育生态，明日的乡村，会成为真正宜居宜业的理想家园。"关于夏莉莉的故事，我们将在后面讲到。

斜源小镇的"出圈"

大邑县的许多小镇有故事,也有意思,不经意间撞见,就会有新发现。位于西岭雪山脚下的斜源小镇,素有"进山第一镇"之称,斜源镇是因斜江河发源于乡境而得名。但在过去的许多年中,由于煤矿开采,小镇水质和环境状况较差。

2008年,斜源遭到汶川大地震的破坏。第二年,成都关闭所有煤矿,斜源的经济再受重创。于是,当地利用土地综合整治并施行灾后重建政策,筹集4.17亿元资金,新建了14万平方米的川西民居特色小镇。

山上的3 000余名居民集中搬进了小镇新居,城镇化率一下上升至83%,但急剧的变化也产生了一些社会问题。要想解决这些问题,就需对小镇的发展提出新规划。

斜源无意间联系上了三加二读书荟。此前,它们已经做过安仁古镇的一些项目,与安仁相比,斜源在历史文化方面可能弱一些,但这里是山地小镇,故可根据这一点进行相关内容的开发。

镇上对共享小镇的建设很支持,三加二读书荟执行长邓淙源带领团队,负责协助地方政府操盘斜源小镇太平社区的招商运营。他后来回忆说,小镇建设初期,很多居民进城租房买房,将近三分之二分下来的新房被空置。入住新镇的村民依旧堆柴生火，导致社区环境脏乱。一直到当地下大力气完善基础设施、处理好卫生问题，小镇的味道才基本出来了。

此外，矿场关闭后，产业空心化也成了亟待解决的问题。"当时，就有共享的概念出来，我们结合斜源的特色，重新做了策划。"邓淙源这样说。

结合本地现有的优势产业，斜源发展中药材、青梅、佛手瓜产业，从高耗能的发展模式中解脱出来。当地留存着药佛石窟、唐代白云庵遗址，有一定的旅游资源。邓淙源的团队还将斜源小镇定位为"共享小镇"，作为游客前往西岭雪山旅游时的中途休憩点，通过"市民下乡"引入民宿、咖啡、手作等业态……

为此，邓淙源和团队在接下来的时间里协助地方政府干了这些事：

改造利用原游客中心，依需求打造"斜源小镇共享中心"，建成乡居规划馆、共享经济"双创"中心等空间、三加二公益书馆，成为新老居民乐活集聚地。通过配置智能充电桩、自助净化直饮水源等设备，发展汉服店、蜡染、根雕、竹编等新零售，配套书吧、鲜花店、咖啡屋等生活服务，构建15分钟生活服务圈。

三加二读书荟利用自身优势，孵化培育社区组织、自组织17家，其中注册类社会组织1家，备案类社区组织16家，志愿者队伍6支，广泛发动驻区单位、机关党员、街区商家、社区居民主动认领秩序维护、景观管护等微项目。发动居民参与开展"斜源讲堂""斜江晚唱""小手拉大手""斜源读书日"等活动，传播文明生产生活方式，引导居民转变角色，培育"联合度假、共享乡居"的斜源文化。为此，还开设了斜源讲堂，讲述小镇的前世今生。

盘活集体资源。组建斜源乡村旅游专业合作社，引入黑子乡村规划工作室，对 61 间集体铺面、6 000 平方米集体公建房进行整体升级打造，通过租赁、承包、联合开发等方式，招引成都左图右史文化创意有限责任公司、成都铂康环旅酒店管理有限公司等 20 余家文旅企业入驻，运营温德姆品牌酒店、如也酒店、半山小院民宿、探花邸民宿、半亩心田等项目，推动了集体资产的利用盘活和增值变现。

"居民的腰包鼓了起来，这才是最实惠的。"徐老师说。

此外，在具体操作中，还需活化社区人文资源。一块块砖、一片片瓦、一个水槽、一个水缸、一段旧铁轨……斜源通过众筹的方式，动员社区居民捐出以前的老旧物件，以这些老旧物件为美学元素，充分挖掘药佛文化、山居文化、大邑白瓷文化等本土文化内涵，巧妙布置晒药巷、飞凤街等街区主游线，形成了"拾景""听语""随心而遇"、以药入"廉"等街区文化空间，既富有乡土气息又留住乡愁记忆，不断增强群众社区认同感、居民美学认同感、游客旅游认同感。

这个过程中，他们还推动人才下乡，让更多的人走进斜源，找回丢失的乡愁。比如旅游经营管理人才先桃来到这里，负责旅游合作社的建设。先桃以前就从事过相关的工作，故对此很看好，这也是一种人才输出，在乡村振兴的大趋势下，只要用心做事，不难取得成效。

为了更好地拓展资源，徐老师亲自上阵，指挥乡创该怎样做得更接地气一些。当然，在具体操作过程中，徐老师不断注意调整策略，让斜源小镇从外到内都在改变。"如果只是我们受益了，居民没有获得实惠，他们就不会支持你。这是硬性的要求。"从项目引进，到与社区有机融合，这才是斜源取得成功的关键。

居民生活环境变了，收入也增加了。就这样，一步步走来，太平社区在慢慢地发生变化。

2019 年，斜源镇晋升为"网红小镇"，成功创建国家卫生镇，荣膺成都十大"网红社区",其晒药巷入选成都"最美街道",广西南宁、绵阳梓潼等地纷纷学习"斜源方式"。同年,游客流量达50万人次、旅游综合收入达1亿元,成为成都西岭雪山温泉国际运动康养产业功能区新的经济增长极和精品旅游"引爆点"。随后,因乡镇调整,斜源镇并入邛江镇。尽管名字发生了改变,小镇却没有因此发生改变。

2020年的春天,我去三加二读书荟时,顺道拜访了斜源。确实,这里与传统的古镇不同,与安仁所散发出的气息也迥异,更多的是新潮。

随后,徐老师带我参观了小镇的一些点位,比如书吧、共享民宿等等,让我看到小镇有了不一样的样貌。让我想不到的是,场镇还可以这样打造。

不过,对三加二读书荟来说,这次斜源建设也是一种试验:如何把不同的资源嫁接在一起,为乡村振兴服务。这个过程,看似复杂,却有着清晰的逻辑:乡村发展,需要的不是千镇一面,而是要因地制宜,合理开发利用自己的优势资源,呈现乡镇"各美其美"的地方特色。徐老师举例子说,成都周边的古镇很多,但关于如何才能实现差异化竞争,安仁镇的做法就具有代表性,洛带的客家文化还可以做大做强。找到乡镇优势不难,难的是如何转变观念,把优势变成生产力。

这几年,成都越来越爱在各种场所提到"生活美学"这一概念。这恰如一位作者所说的那样:生活美学不一定意味着高雅、高级、高消费,也不代表着高不可攀的阳春白雪。真正的生活美学,应当发生在众生身上,发生在原本"苟且"的生活里。

三加二读书荟认为,每一个地方都有自己的生活美学。

对太平社区而言,就是通过走访当地的居民,从众多缤纷的世相中,寻找到这里应该有的美学。这个过程,艰辛而又有趣。

邓淙源和团队向乡贤刘应默请教斜源的历史文化,了解当下的生活应该怎样呈现。在国内也有多个小镇被打造成"网红",他们也去参观,了解情况,以确认哪种方式更适合斜源的发展。

最终,通过乡创联盟的努力,斜源的面貌发生了巨大的改变:街道变得干净,美化之后的街巷更具亲和力。走在这里,好像走进了成都的玉林小区一般,浓郁的生活气息扑面而来。

斜源的"出圈",其实是成都实施的未来公园社区的一种模式。对更多的乡镇而言,如何才能更好地将本土优势文化呈现出来,让更多的居民增益,才是解决乡镇发展的关键。

我在跟徐老师交流斜源的发展时,留意到徐老师把乡村发展的最新理念带到了这里。"乡创不是完成现在的项目就完成了,还需持续更新理念,随着斜源的发展,最初的一些项目,可能不太适合了,就需要进行调整。乡创是一个动态变化的过程,"他这样说,"如果不这样做,就无法吸引更多的人来打卡、消费,最终也很难实现斜源的可持续发展。"

围绕"小而精、小而美"的目标,斜源将美学理念与乡村表达相结合,高标准推进社区街区营造。如今,斜源所属的太平社区已成为大邑居住标准最高的安置小区之一,其住房价格与房屋租金与大邑县城小区相比基本持平或略高。这就达到了乡创所要求的预期目标。

2021年10月,斜源项目入选第三届"小镇美学榜样"。这个"小镇美学榜样"所遵循的是"生态和谐、以人为本、既小且美、创造标准"的宗旨,用以美学为代表的内生文化力量倡扬小而美的乡村、小镇发展方向,推动共同富裕的最终实现。

可以说,邓淙源和团队开创了一种乡村振兴的新模式。这其实也为当下的乡镇发展提供了新思路:在现有的乡镇条件下,进行资源整合,推出更符合乡镇发展的项目,从而带动乡镇的变革。

晏家坝的春天

1

2023年2月3日,《四川农村日报》在《开局·乡村振兴一线行》专栏里,开篇就以《透过三个切片,读懂晏家坝村》为题写道:

切片一
20年里迈了三大步 20亩地里寻路再出发
讲述人:查玉春
关键词:乡村振兴 集体经济 未来 希望

晏家坝村四周青山环抱,沱江、花溪河从村边穿流而过,为雾里水乡、果园迷宫、共享菜园等"田园+"新业态提供着源源不断的滋养。

暖阳之下,晏家坝村党总支书记查玉春站在村里约1.3公顷的共享微田园旁,感慨良多:这是村集体经济更有力的支撑点。

查玉春在晏家坝村当了20多年书记,把这个曾经贫穷落后的村,发展成了全国美丽宜居村庄、全国文明村,村民人均年收入从不足

800元增长到了27 000多元，她也先后当选十三届全国人大代表、党的二十大代表，荣获四川省劳动模范、全国优秀党务工作者等荣誉称号。

回顾村里这20多年翻天覆地的变化，干脆率直的查玉春说得更多的话是成绩之外还有遗憾。

2001年，查玉春回到晏家坝村当书记时，村里一条像样的路都没有。"要改变现状，必须先把路修好"，查玉春带着村民们首先啃下这块"硬骨头"，2007年建成了资阳市首条村级道路。近年来，晏家坝村抓住成资同城化、村镇改革等契机，基础设施进一步完善。如今的晏家坝村，村头村尾紧邻高速公路出口，村内公路四通八达。

路通了，如果没有产业，乡村还是"空心"的。为此，晏家坝村先后引进了20多家农业公司和业主单位，发展起水果、蔬菜、苗木、养殖业及农旅融合等产业。如今，村里200多公顷果蔬种植区全部安装高效节水滴灌设备，村里种的萝卜卖到了全国各地。

走好了前两步，第三步应声落地。2019年开始，晏家坝村引进乡创理念，实施整体乡村公园社区打造政策，通过宅基地改革试点，采取"闲置房屋＋集体经济＋职业经理人""村集体经济组织＋平台公司＋工商资本＋农户"等多种模式，盘活100余户116宗地。村中闲置老屋不仅外观焕然一新，更植入丰富业态，让乡村焕发新生机。

然而，很明显查玉春并不满足于眼前的成绩。

从北京回来后，查玉春就没闲过，她忙着给乡亲们宣讲二十大精神，更多的是着眼于未来，提到最多的词是"希望"、"信心"和"决心"。

"产业多业态是发展起来了，但村民主要还是靠租金收入，村集体经济还是缺乏自身产业支撑。"查玉春很明白，这是心中的遗憾，所以，她对约1.3公顷的共享微田园特别看重。

"别小看这块地，去年为村集体增收十多万元呢。"查玉春介绍，这 1.3 公顷地整理出来后，通过合作社入股成为集体经济的一部分，田地被划分为一块块，通过认领，成了幼儿园班级、市民朋友进行科普实践、农事体验的基地，走出了"特色农业+乡村旅游"的发展模式。

"20亩（约1.3公顷）地的产值或许有上限，但科技示范和试验作用却是无限的。"查玉春感叹，从这块地起步，晏家坝村要开启乡村振兴新探索，要实施科技兴农，打造数字农业，"接下来，要积极争取项目落地，早日建成智慧大田。"

查玉春表示，下一步晏家坝村将继续围绕盘活乡村资源，培育更多的集体经济新产业、新业态，带领晏家坝村成为田野里真正的"诗和远方"。

切片二
乡创为乡村找到根 一处村落就是一座公园
讲述人：魏向阳
关键词：乡村规划文化 乡愁

"欢迎来到乡村公园·晏家坝村！"进入晏家坝村，村口的标识醒目。一处村落，大胆而鲜明地亮明身份——"我是座公园"，底气从何而来？

我们伴着冬日和煦的阳光，从农田到庭院，踏在乡愁巷的石板路上，在巷道里穿行，接二连三"撞上"惊喜：三崇堂、乡村美术馆、农中院子、乡村电影博物馆等乡村新业态分布村内。大年初九，春节客流高峰已过，晏家坝村仍然迎来一拨拨客人，欢声笑语不断，建筑前拍照留影。外来游客徜徉其中，村民闲适地聊天、晒太阳，小孩奔跑嬉闹，组成了村庄日常的动人景致。

而今，晏家坝村乡愁野趣、灰瓦白墙，古韵与现代风格交错、风光与文化交织。然而，曾经的晏家坝村也和很多普通村落一样，随意而杂乱。

乡村规划师魏向阳是土生土长的资阳人。2019年，资阳市雁江区开始对晏家坝村实施项目改造，三加二乡创联盟操盘，他在其中负责总体规划。改造任务艰巨，挑战不小，2019年冬季两个多月时间里，魏向阳和三加二乡创联盟团队负责人牟俊辉等人走遍了村里的每一个巷道，为公园社区的打造实地摸底调研。

风貌的打造建立在对本村资源资产现状的梳理和整合上。调查走访中，他们梳理出晏家坝村有明清古宅4处，古井5处，还有古渡古码头、名木古树。村内90%以上住房都是院落小洋楼，有空置院落80余处，还有闲置宅基地40处，当地建筑风貌较为统一，但地域性特色并不突出。

经过村委班子与村民反复沟通达成协议后，以100多宗闲置宅基地和农房为本底拉开了改造大幕。

在顶层研究性策划总体框架下，首要是对村庄形态进行改造。建筑是当地民俗文化的具象体现，不盲目拆老建新、无中生有，保持建筑的在地性是晏家坝村改造始终坚持的。

"只有融入了本土特色，同时契合现代生活需求，才可以让乡村的美更具有生命力。"魏向阳觉得，一间间老屋是承载乡愁的载体，是乡村的宝贵财富。

保留原有主体、加固屋顶墙体、手工镂空雕花……经过修缮复原，村内有两百余年历史的三崇堂焕发新生机，形成由乡村规划展示馆、乡愁主题馆、乡村书馆、乡村美术馆、晏家坝农民夜校5个文化场馆组成的功能格局，构建"三巷八馆十二院二十铺"为主架的乡村公园社区。

走进村史馆，曾经猪圈留下的断毁石柱仍保留着，在咖啡桌、屋内自由"生长"，别有一番情调。

"这里的建筑古色古香，村庄巷道处处皆景。趁着天气晴好，出来取景拍片。"资阳市民王玉已是"三刷"晏家坝村。

下午时分，旧时光花卉主题民宿老板吴德琼在园子里给各色花松土、修枝，"我们是花卉主题民宿，空了就捯饬下，让客人来了有置身花海、坐拥田园的浪漫之感。"今年春节，"旧时光"民宿10间客房天天满房，"初六那天，单是围炉煮茶这一项，就接待了34桌客人。"这让吴德琼干劲十足，她觉得村民都可参与，整村形成民宿聚落，才能壮大产业经济体量。

吴德琼的感触，显示了发展态势已经显现。目前，晏家坝村乡村公园社区里引进业主50多家，导入了不少新型业态，民宿、餐饮、文化体验、乡创学校等，带动村民就近就业，也丰富了村民的文化生活。对此，魏向阳解读："打造现代化乡村新社区是一个系统工程，包含乡创培训、乡村操盘、新社区营造、乡村运营孵化等在内的一个闭环，否则是不可持续的。"

切片三

一幅剪纸的故事 四张笑脸背后的幸福生活

讲述人：封小霖

关键词：村民 笑脸幸福生活

在晏家坝村的朴庐艺术空间，春节期间举行了一场以"在希望的田野上"为名的民间剪纸艺术藏品展，其中有一幅剪纸作品吸引游客纷纷驻足。

这幅剪纸作品，内容是四位开怀大笑的老太太，查玉春解释，它之所以吸引人，是因为这是来源于对村民生活及时抓拍的场景：在新修建的乡村公共空间，四位老太太并排而坐，笑颜活灵活现。

这幅剪纸作品出自资深媒体人、乡村工作者封小霖之手。而说起其创作原型，就不得不提 2020 年 10 月 1 日这天。

晏家坝乡村社区经历近 10 个月打造，雏形初现。当天，魏向阳忙完当天的工作后走在村里，看见游客咨询服务厅外的石凳上，四名本村老人咧嘴乐呵的闲适场景，他一下被吸引住了，马上掏出手机定格下了这一幕。

2022 年初秋，封小霖受魏向阳之邀，来到晏家坝村。翻看晏家坝村乡村振兴规划、设计文稿，结尾落墨处便是这张村民开怀大笑的照片。照片里村民发自内心的笑容，深深打动了封小霖。于是，就有了这幅剪纸作品，以及这场在乡村举办的剪纸艺术藏品展。一幅幅富有寓意、技艺精湛的剪纸作品，唤起村民心中对于传统中国年的记忆。

村民生活幸福，是乡村振兴的根本所在。从曾经的全镇落后村，变成宜居宜业、游客争相探访的乡村公园，晏家坝村蝶变的直接受益，便体现在村民的表情里。

照片里的主人翁之一——70 多岁的陈素兰，子女常年在外务工。如今她将闲置的老宅交予村集体统一打造为老茶馆，增加收入不说，踏出家门就是公园，让老人感到幸福满满。

不止封小霖，一批艺术家、非遗传承人、文化人士、乡村工作者不约而同将工作室搬进晏家坝村，将艺术作品放到乡村来，成为这里的新居民。

他们打造文化院落和创客服务站、围庐等公益项目，开展社区文化交流活动。修复的三崇堂是该村代表性文化建筑，改造中深入挖掘崇礼、崇信、崇文的"三崇"文化。文化和艺术的融入，在潜移默化中培育文明乡风、良好家风。

春节期间，川剧表演、民俗展演、篝火联欢等一系列活动让村子格外热闹。78岁的本村村民卓炳芳脸上总是挂着笑意，跨过家门槛步入庭院，一场场热闹的春节联欢活动相继上演。她所在的古朴院落名为"农中院"，改造中搭建起的资阳川剧戏台，成为群众看川剧、开展文化娱乐活动的场地。

一边品着盖碗茶，一边欣赏台上的节目，春节里，新老村民、游人其乐融融，在彼此的欢笑和祝福声中传递温暖的情感。

2023年，全面推进乡村振兴的信号更加鲜明。查玉春整个大年也没闲下来，对接资源，引进项目，筹划起新一年的发展。"以前多是埋头干，现在不仅要苦干还要抬头看看，乡村振兴需聚力，要长远规划。"她说，晏家坝要在已有基础上不断提升，让乡村公园有乡村的味道，成为农民安居乐业的家园，城市人乡愁回归的花园。

2

如果不是三加二乡创联盟介入晏家坝的乡村振兴，可能这个村落也不会成为乡村振兴中的"爆款"。在我和徐老师接触之时，乡创联盟已经着手在斜源小镇进行实践。这种实践也很快在其他乡村扩散开来。

晏家坝走入乡创联盟的视野，是源于当时"成德眉资同城化"正在推行，那么，在乡村振兴方面也有着同步发展的必要。资阳最初打算让每个县都选择一个村来打造乡创示范项目。这样就有五个村进入候选项目：高洞村、仁里村、晏家坝村、旧居村、卧佛村。不过，位于雁江区的晏家坝在这一块因经济发展好，推动得速度快，很快进入了乡创联盟的视野。但如何推动乡创呢，资阳就在全国范围内找不同的乡创项目，结果发现，成都就有符合要求的项目，于是，就这样联系上了乡创联盟。

此前，徐老师带领团队已经深入明月村、斜源镇，都取得了不俗的成绩。尤其是明月村，先后入选首批全国乡村旅游重点村名单、"2019年中国美丽休闲乡村"名单，并被命名为"2019年度四川省实施乡村振兴战略工作示范村"，名声大噪。如果在成都看乡村振兴，这里是必不可少的点位。在《铸魂：百年乡村阅读》一书里，我对明月村的发展进行了解剖。现在来看，确实是有着不同的意义。

2019年，乡创联盟进驻晏家坝村。之所以选择这个村，徐老师说："晏家坝有基础，也有几个优点：产业不错；村支部书记是全国人大代表；有很多空置的房屋。"乡创联盟进驻之后，引入社区概念，从打造乡村公园社区、孵化合作社，到市民下乡，引进新村民、新机构，把整个社区建得比较好，文化的氛围也起来了。

这样的变化，让晏家坝迅速成为"网红"。

四川省建川博物馆馆长樊建川在谈到文化赋能乡村振兴时，认为这不应是口号，而是内容："现今，都更注重营造乡村的美景，千篇一律的景美，却没有与众不同的内容。要走出乡村特色的一条路，要注重对历史文化的挖掘，要用好每个村独特的文化资源，做好内容的运营，还要注重长期的发展规划。"这一点，与乡村联盟的发展相契合。

当然，要真正把晏家坝做起来，就需要乡村联盟有清晰的定位、切实的实施方案等。这样，"113+3"乡创操盘服务模式就发挥了作用。他们从不同的视角对晏家坝进行深度挖掘，结合当地的产业情况进行系统的梳理，于是，晏家坝的未来就渐渐清晰了。

把乡村打造成公园社区，是乡创联盟的一个创举。

之所以有这样的想法,是因为成都在2018年首先提出了"公园城市",2020年又明确建设践行新发展理念的公园城市示范区。"我们就想,乡村会不会也能有公园社区,把大田变成农业公园怎么样?城市公园种花,乡村公园种蔬菜和庄稼。根据这种理念,我们希望做一个中国乡村公园社区。乡村要美观,像城里的公园,这是我们的定位。乡村公园一定要有产业,这也符合国家的农业产业政策。建设公园社区就是要让村民安居乐业。"徐老师这样解释。

具体到乡村怎么来做?还需结合晏家坝村的实际情况进行。

乡创联盟首先对大田进行梳理,让乡村仍是乡村,该种庄稼的种庄稼,把田园景观做出来,这是一个概念。再就是居住环境不能生搬硬造,让乡村房屋的样貌继续保留,但是一定要干净、卫生、舒适。再就是希望社区里要有文化,还要有商业服务。后来,按照这样的要求,对村落进行风貌改造,改造整体外观和盘活社区,引进了一些项目,把文化搞起来。

这个过程是复杂的,乡创不只是按照某个目标去实施,而是要激发村民内生的动力,让乡村振兴落到实处。

与村民沟通想法,让大家对未来蓝图够得着,看得见,摸得着,才是关键。

"村民是决定乡村是否可持续发展的关键。原住民与新村民如何和谐共生,也很关键。"总之,这就像一个系统工程,需要不断地探索。好在明月村已经有案例可循。但这是基础,在晏家坝村,也要有变化,这才能突出自己的特色。

比如蔬菜与养猪在晏家坝早已是特色产业了。那么,乡创在这个过程中是给其增量,而不是丢弃原有的产业,重新打造一个更符合现代乡村发展的产业,"这样的做法费力不讨好,也不会被村民所接受。"

徐老师说。

"我们针对伍隍猪，提出过一个设想，把猪的形象设计成晏家坝村的乡村符号，后来因为种种原因没有落实。但文创、社区、培训的概念在这里得到了实现。"

3

从成都到晏家坝，距离不算远。春天里，我来到这里，看看乡创联盟的成绩。加入晏家坝村项目的联盟，此前我大有接触。

对晏家坝的了解，除了顶层设计，就是看他们在实际操作中如何操盘。用徐耘的话来说，就是要进行战略定位、发展定位、产业定位。最终确认这里是党建引领，发展定位是中国乡村公园社区，产业定位是特色种养业。

再好的乡创项目，倘若没有好的机制是很难保证按照规划运行的。所以徐耘认为机制是关键。他说："第一，项目推进的时候，最主要是与区上的平台公司合作。比如说平台公司要尊重我们的策划，操盘时要尊重我们的指导，这就是机制。第二，我们要帮助当地招商引资，我们需要研究怎么招商引资，有什么政策，这也是机制。第三，我们与政府讨论意见变成政策文件确定下来，这是组织机制。还有遇到矛盾的时候，我们怎么来协调，这些都是机制。"

我们可以看到，好的机制，保证了乡村振兴的持续推进。

乡创联盟为何会取得一个又一个成绩？徐耘认为是以系统取胜的原因："比如说我们想留住田园，就必须保留乡村产业之都的定位，保护当地的传统优势产业，建设好社区，解决房屋改造、业态植入、政治、经济、文化、人等问题。我们帮助村民成立和孵化合作社，发展集体经济，鼓励和引导市民下乡,这些都是系统。"

这个过程,也是乡创联盟的匠心创新过程。所以,乡创社工师曹贵民说,晏家坝在乡创振兴中具有典范意义,可复制、可借鉴。

由于资金有限、工程浩大,晏家坝最初的设想是做几个点位。先把点位一一呈现出来,带动城里的居民下乡,把产业做起来。比如在三崇堂里就植入了很多内容,书馆、乡愁记忆博物馆、农民夜校、川剧资阳河流派的展览等,这里还展出了晏家坝的许多老物件,让人看到这些,都不自觉地涌起了乡愁来:旧村新颜,文创汇聚。晏家坝乡村公园开设了"乡愁巷八馆、晏家十二院、乡愁巷二十铺"等引爆性项目。阡陌小巷、户户相通、鸡犬相闻,串联起乡村最原始的记忆。

村支书查玉春曾说,在引进"三加二"之后,实行政府主导、平台公司融资、"三加二"规划的模式进行发展。"有'三加二团队'和徐老师这样的乡村振兴操盘手,晏家坝才有今天这么大的变化。"现在环境变了,人的素质也在变,而最大的变化是产业发展。

晏家坝的蝶变,让更多的乡村走来,这种模式也将引领更多的乡村走向振兴之路。

走进弥渡古城村

如今,乡村振兴遍地开花,乡村新风景、新风貌时时刷新我们的印象,有的成为网红打卡地,有的推动农广旅,有的以农业观光为主……这也说明乡村有了新活力。这样的因地制宜探索乡村振兴之路,看似偶然,却有着历史的必然。毕竟乡村的发展与城市相比,速度慢,成效也慢。

三加二乡创联盟期望以一种更科学的模式来实现乡村风貌、社会、习俗的改变,侧重于以文化振兴。但对于弥渡县的古城村而言,似乎更多地考虑"跨越式"发展。但限于自身条件和人们对乡村振兴的认识差异,也就难免使乡村振兴的路径选择有差异。

其实,乡村发展不管哪一种模式被实施,最终受益的都是村民,就是最好的一种方式。乡创联盟走进古城村,开展一系列的活动,但因乡村发展理念的不同而分道扬镳,这与其说是一种遗憾,倒不如说是乡村振兴路上的插曲。

1

古城村，位于弥渡县红岩镇，距弥渡县城 15 千米。全村有耕地 24.2 公顷，农户 148 户，共 558 人，海拔 1 730 米。

这个村，依山傍水，环境优美，气候宜人。

从远处看，连绵起伏的青山和青山下青瓦白墙的民居倒映在明净的湖水中，宛如一幅山水画卷。

走进古城村，村口竖立着一块刻有"云南省重点文物保护单位白崖城及金殿窝遗址"碑文的石碑，记录了六诏咽喉、白崖古城的历史。村子因为在遗址旁边而得名，被列入了第五批中国传统村落。

二十世纪六七十年代，大家上山砍柴，砍光了森林，山头光秃秃的。大家吃了上顿无下顿，衣服补丁上加补丁，温饱难以解决，生活十分艰难。此后，古城村一直是贫困村。你可以想象，这是怎样的山村。我想起了我的故乡，虽然没有这样的贫穷，却也好不了太多。事实上，中国的大部分乡村应该就是这样的。所有的改变，唯有靠个人的努力。但在乡村振兴的背景下，这样的努力就是杯水车薪，更多的还需进行专业的技术指导，才能完成乡村的升级。

从落伍到改变，这个过程是必然的。尤其是外出务工人员，在大城市生活之后，再回到山村来，城乡的对比就更为强烈。如果再不改变，可能就成了"回不去的故乡"。在古城村的年轻人，也有类似的想法。于是，渴望改变村庄的面貌，使乡村生活像城市里那样成为一种目标。

在后来的脱贫攻坚过程中，古城村坚持植树造林、保护森林，荒山又变成了青山；相继实施"村村通"、农田水利、新农村、美丽乡村等项目，生产生活条件不断改善；村内污水管网遍布，清水长流；新建的石板路上留下茶马古道的印记，两条进村柏油路宽阔平坦，轿车进入了家庭；拆旧房、建新房，家家户户安居乐业。古城村实现了沧桑巨变。

这种变化，让古城村有了生机。但这只是第一步，接下来要走的路还很漫长。好在村庄也在有序地进步着。

2020年，古城村被列为乡村振兴大理州级示范村。

从脱贫攻坚到乡村振兴，看似简单，却牵涉方方面面，具体怎么做，古城村还是没有更好的发展思路。

此时，弥渡县已与成都的一家企业签约，但如何才能推动乡村振兴，在云南还缺少相关的案例。偶然的一次机会，这家企业联系上了三加二乡创联盟。就这样，古城村开始了乡村振兴的实践。

如果确定古城村未来怎么走，先要确定村落的定位。虽然在古城村分布着些许历史文化遗存，留存着民风民俗，但如何操作才能更好地发展村落呢？

2

2021年1月，三加二乡创联盟派出相关专家到古城村进行实地走访。村民们最初对这种走访持担心态度。"你们来搞建设，是不是要把我们的土地收走，我们的房子是不是要拆了重建？"诸如此类的问题，都会在走访的时候遇到。

"我们提供的信息，是不是就可以改变村子的情况？"村民们对此很担忧。毕竟大多数人在这里祖祖辈辈生活了许多年，他们面对社会的变迁，有渴望，也有观望的态度。走访人员耐心解释，这才逐渐有了信任。

对村民而言，村子要改变，但也不能脱离原来的生活轨迹。与此同时，他们更愿意看到实物以证明走访是为了改变村子。

系统的走访、调查很重要，不过，挖掘和传递在历史文化脉络之下的村落历史，采集风土民情，发现、整理地方珍贵的文化遗存，进而建立村民的"文化认同"与"文化自信"，这也是一个重要环节，也是双向效应，让乡创营造师更懂得乡村的过去、现在与未来。

由此，进一步确定了古城村的文化定位，这是因为村里有两处文化遗址，一是白子国白崖城遗址，其位于古城村左前方，定西岭南隅，迤西古道北侧，相传为公元三世纪时龙佑那所筑，历史上是通往南诏统治腹心——洱海区域的门户，一度成为南诏统一六诏的大后方。六诏统一后，阁罗凤因唐王朝诸权臣施行压制政策，逼不得已叛唐，为加强南诏门户——白崖的防卫，便"设险防非，凭隘起坚城之固"，于唐天宝十一载（752）重新修建了白崖城。再就是谷女寺，又名高娘寺，在红岩乡西北2.5千米处古城村后。原寺建于明万历十三年（1585），传原为南诏王避暑宫，又传为纪念牧猪少女高娘骑猪化象升天而建寺宇。寺建于莲花岩上，坐西北、向东南。莲花岩泉潭边崖上有"天开玄窍""万历之西江右李涝书"石刻；另有署名少峰书"濯缨""振衣"石刻。谷女寺内有一处天然地下泉水，名为龙潭。这两个地方都是珍贵的历史文化资源，此外，附近还有金殿窝、林阁老大人去思碑、天拱桥、天柱崖摩崖石刻等文物保护单位，可以说，古城村历史文化底蕴深厚，具备做文旅的基础。

接下来，古城村面临的是发展路径问题：是先发展乡村，还是先发展文旅，这不只是谁先谁后的问题，而是怎样才能促进乡村更好发展的问题。

在接下来的时间里，乡创联盟组成人员在古城村开展卓有成效的工作。

古城村通过率先实施农村土地入市探索，以自愿有偿腾退的方式，把村民闲置的土地和废弃的房屋变成集体建设用地，盘活乡村存量建设用地资源，赋予村集体实实在在的发展权利。探索创新"党支部＋合作社＋公司＋农户"的运营模式，成立弥渡县红岩镇古城村乡村旅游专业合作社。古城村26户村民以土地入股的形式入社，形成农户提供农产品和人力资源、合作社负责销售农产品、旅游公司负责旅游开发和经营的一条龙产业链，为农民提供稳定的就业渠道，拓宽农户的增收路径。

这个过程是复杂的，也带有挑战性。比如每次到古城村去，都是为开展有针对性的工作。如此，古城村很快就有了新风貌：道路变化了，院落变得更加整洁、有序，看上去就更漂亮了。这背后就有着大家的辛勤努力。

我从网上搜索关于古城村的图片，也看到新的风景：原来的村貌早已不复存在，而是一个现代乡村。

3

乡村发展理念的差异，决定了乡村的未来。说到底，乡村振兴的关键，还是人的观念转变。

古城村的发展，还面临着一些具体问题。最为关键的是，古城村在发展的过程中，弥渡县遇上了换届。徐老师说："领导的意识和认识很重要。新上任的县委书记主张发展大旅游，但是云南旅游资源太多了。明智的选择是以乡村振兴为基础，先把当地搞活，再通过发展旅游做加法。"

即便是同一件事，站在不同的立场，可能就会有不同的认识。古城村的发展也是如此。

担任设计师的魏向阳也针对古城村的未来谈了自己的看法："因为前任的县委书记非常支持这个项目，和我们想做的事情比较一致，属于乡村振兴的范围，就是要把古城村发展起来，要让古城村自身走上富裕的道路，实现乡村振兴。我们原来的计划是以古城村作为模型，以后在弥渡的周边，甚至大理的周边推广，用'三加二'的这种模式继续为乡村振兴服务。"

"现在的书记的思维是要以白崖城为基础，把古城村做成文旅项目，我们认为这已经不是乡村振兴项目了。文旅项目的受益者主要是开发商、外来资本，对古城村的村民而言价值其实不太高，村民虽然也会得到实惠，但力度可能会减弱。我们对古城村整个周边进行了深入调查和研究，认为古城村不适合做文旅，因为它的文旅资源比不过大理和丽江，而且和两地的距离也很近，不具有竞争力。我们认为要在古城村发展文旅项目是一种好高骛远的做法，不容易落地，不落地就会有问题，可能会对后续发展空间有一些影响。所以说，其实每个领导的思维方式对发展的方向把控确实有很重要的作用。"

换届之后，对古城村的定位和发展思路变化，或许反映出的是地方政府急于让古城村成为样板，故而提出了农文旅产业发展的规划。

这个规划到底怎样，还需在实践中检验。

2023年2月2日《大理日报》的一篇新闻报道中提道："整合沪滇协作项目、美丽乡村、农文旅项目等，累计投资2 200多万元，加快乡村旅游基础设施和公共服务设施建设步伐。与历史文化相结合，开发具有白子国文化的饮食、民宿、文创产品等，不断丰富乡村旅游文化业态。"

最终，乡创联盟因发展理念不同，选择了退出古城村项目。这虽有遗憾，却也反映出了在乡村振兴的路上，也是有着可供探索之处：不过对于一个村庄而言，只有通过不同模式的发展探索，才能找到属于自己的道路。

在谈到古城村项目时，徐老师说："古城村我们虽然没介入，但还是在关注其变化，就是通过这种对比，发现乡村的探索路径，到底哪一种更为合适。"

期望古城村有个更好的未来。

天台山风景

1

自 2021 年邛崃市第十五次党代会首次提出建设"未来乡村"以来，天台山镇高兴—靖口文旅精华片区作为邛崃三大未来乡村建设试点之一，抢抓机遇，以红色为魂、绿色为底，围绕文化共建、产业共创、环境共治、经济共享四个方面，努力绘就未来乡村美好画卷。

这个片区作为邛崃的"未来乡村"的示范点，2021 年 8 月的一份题为《天台山镇以农商文旅融合推动乡村振兴》的工作报告这样介绍两个村落的发展方向：

（一）多路径推动村社区融合发展。打破村、组行政区域限制，推动高兴村和靖口村连片发展。一方面，以红军长征纪念馆和四川红军长征数字展示馆为中心，形成红色文化体验区；另一方面，以天府红谷·耕读桃源林盘集群为中心辐射周边，推动区域内林盘串联成珠，将天台山优良的生态本底转化为可持续、高附加的经济价值，有效破除生产要素流动的限制，逐步建成"天台后山旅游度假区"。有效激活"红绿"极化效应，形成两中心带动多点的发展格局，带动周边产业业态呈自发性、集群化、联动式发展。

（二）以"红谷"效应带动周边发展，促进集体经济壮大。一是对靖口村委会进行特色改造，配套乡村特色手工作坊展销文创作品。引导乡土艺人参与创作，以"文创+主题社区"的方式探索有偿文创体验服务，提高行业附加值。二是村集体经济组织投入资金对林盘公共配套设施进行完善，以沿江游步道和登山步道为骨架，建设赏心怡人的游玩体系，弥补产业能级和市场需求间的较大差距。三是邀请民宿设计专业团队对大窖林盘周边愿意自行出资改造的农户房屋进行设计。由集体经济组织统一经营，天府红谷将村集体经济组织经营的村宿纳入"红谷"营销平台，最后企业、集体、村民按照"1∶2∶7"的比例进行分红，实现集体经济组织收入为零的突破。

（三）以问题为导向，凝聚资源、创新思路激发改革活力。一是争取农业农村局集体经济发展补助资金30万元，腾空靖口村村委会，将村委会建设成长征精神衍生展览馆和农村文创商品展销馆。长征精神衍生展览馆主要用于展示20世纪50年代长征精神（土地改革）、70年代长征精神（玉溪河工程）和80—90年代长征精神（改革开放后大力发展镇集体经济，建设大窖纸厂）等的相关文物。同瑞云集团合作建设农村文创体验工作室，利用靖口村村委会、天府红谷愿景馆建成两个文创工作室，引导乡土艺人参与创作和经营，为游客提供有偿文创体验，增加集体收入。二是加大力度开展对企业的招商工作，特别是吸引勇于承担社会责任的农旅企业落地生根，从而使新型经营主体活力竞相迸发，多渠道、宽领域带动村社农户增收致富。三是坚持党建引领，充分发挥村（社区）党员先锋模范带头作用，系统性夯实乡村治理基础；对镇村领导班子进行现代农业、乡村旅游、新型城镇化等领域的专业培训，增强班子整体功能。

我在查阅靖口村与高兴村的资料时发现，原来这两个村落早前属于高何镇。这个镇历史悠久，清康熙年间，属邛州文台里十甲。"民国"二年（1913年），划归火井分县。1955年，高兴、何家两乡合并为高何乡，后经历诸如公社化等历程，1992年11月设镇，2019年12月，合并到天台山镇。靖口村地域广阔、生态环境优良、**蜂蜜粉源植物丰富多样**，是优质的天然生态蜜源地。早在2015年就在镇政府的支持下，办起了养蜂合作社，有28户村民参加，当时的媒体报道说："目前村上能采集的蜂蜜约有800桶，今年约有10吨的蜂蜜产量。……合作社打算在3年内发展到年采集蜂蜜3 000桶以上。"这是一种投资少、见效快的致富之路。高兴村其实就是红军长征纪念馆所在地，这里有浓郁的红色文化，我也曾多次来过这里，在感受红色文化的同时，也对这里的乡村有一定的了解。在《铸魂：百年乡村阅读》的书里，我写到的高何镇楠木溪，就是属于高兴村的管辖范围。

对于村庄的未来，2022年初，靖口村驻村第一书记吴威在谈到未来乡村发展时说，建设践行"红色"引领"绿色"发展理念的红色美丽村庄，推动村级集体经济发展，为农户增收贡献绵薄力量。而高兴村驻村第一书记袁鹏也有类似的表达：高兴村以文旅精华片区打造为契机，探索"村企联建"盘活闲置资源，壮大集体经济，推进文旅融合。加快推进农村人居环境整治，构建幸福美丽乡村，塑造新型消费场景。深挖红色资源，以特色发展引导动能释放，推动红色美丽村庄焕颜蝶变。

但如何才能让村庄变得更美丽呢？在依靠自身力量无法完成转变

的情况下，就需引入更多的社会力量。

2022年3月，三加二乡创联盟受天台山镇政府邀请，派遣操盘团队到天台山镇"高兴—靖口片区"，开展驻场服务，助力当地乡村振兴。

三加二乡创联盟进驻之后，就派遣相关的专业人员来到这里。

其中，设计师、艺术家魏向阳入户为在地村民创业开展创意设计、指导服务，并利用驻场闲暇，将天台山镇的自然生态用画笔记录，作写生稿二十余件。2023年2月10日，这些作品以"山水逍遥—魏向阳天台山镇写生展"之名在靖口村天府红谷·耕读桃源馆进行展出。我看过魏老师的作品，以天台山的自然生态来呈现这里的乡村之美。虽然这些作品看上去是"副产品"，却让我们看到了天台山镇的与众不同之处。

乡创联盟之所以选择在这里做项目，首先是源于此前三加二读书荟已经在这里建立了天府红谷·耕读桃源馆，开展卓有成效的阅读活动，也让村委会和村民对联盟有所了解，更为重要的是这里有文化资源与自然资源。只要按照乡创操盘的模式推动下去，是不难做出成效的。

就在这个时候，廖美滋决定在这里开一家"半亩青山"的民宿。2022年10月21日下午，农民夜校第八期，就邀请了廖美滋跟天台山农家乐业主、民宿主理人及村民代表30余人分享了她初遇靖口村，从爱上村子美景到决定留下来成为靖口村新村民的故事，同时分享了自己成为新村民后打造民宿"半亩青山"小院及目前小院的经营模式、营销渠道、配套服务、活动策划等内容。

"做这个活动，就是提高片区农户在地创业热情，使片农家乐业主、民宿主理人对民宿的特征与前景有更深层次的认知，更好地创造民宿本身的魅力与价值，促进乡村旅游消费、激发乡村发展活力，"邓淙源这样解释说，"在乡村振兴的路上，不管是民宿，还是餐饮的发展，都离不开当地村民的积极参与。"

再来说天府红谷,其位于邛崃市天台山镇,三山(天台山、南宝山、镇西山)围绕,是国家4A级旅游景区天台山的门户,文井江穿镇而过,苗溪沟、楠木溪、莲花溪等8条溪流分布两岸,水资源丰富。很显然这里具备康养、度假的文旅条件。出生于邛崃的诗人席永君在《天府红谷:乡愁中的早餐》一文里这样写道:

> 在天府红谷,早餐的菜品以"碟"为单位:一碟咸菜、一碟泡萝卜、一碟虎皮青椒、一碟邛崃特色的钵钵鸡……这些像四月的早晨一样清爽的、造型简单的菜品,并不能构成稀罕之至的缮宴,并不能构成后现代食谱的文本旅游,无法满足后现代美食家们的考古癖和寻索乐趣,但却具有象征意义,和这里秀丽的山川互为表里、相得益彰。如果你善感并愿意让自己的想象天马行空、自由驰骋,你完全可以把这四道佐餐的小菜,看作一碟霞光、一碟朝露、一碟清风、一碟鸟鸣……恍惚中,你会觉得自己即便不是"山中一日,世上千年"的得道高人,也是那"采菊东篱下,悠然见南山"(陶渊明《饮酒·其五》)的自在隐者。在这里,你不会有卡夫卡式的不安,也不会有奥威尔式的偏执,只会有王维"行到水穷处,坐看云起时"(《终南别业》)的从容与恬然。精巧的竹制蒸笼里,小笼包子、糯米窝窝头冒着热气,味道可口。一只咸蛋已被一分为二,蛋黄和蛋白,黄白分明,格外清新;一碗红薯粥香浓顺滑,恰到好处……

这样的一桌美味佳肴,其食材全部产自天府红谷。这些亲爱的乡土食物像一双温柔的手,抚慰着每一位客人的胃,不知不觉中将初来乍到的客人安顿下来。在后现代语境中,美食的功能,早已不再是满足我们的温饱，而是在我们的味蕾上建立一个乡愁帝国，由此体现美食的审美价值和精神价值。美食乃是乡愁帝国的美景，留住了客人的胃，就留住了客人。据说，蛋黄和红薯是眼睛的守护神，皆为眼睛保健的最佳食物。望着餐桌上的红薯粥和咸蛋，我猜想这两道看似普通的食物或许隐含了餐厅员工的初衷：他们要让每一位远道而来的客人，以一双更加明亮、更加清澈的眼睛铭记这里的一砖一瓦、一草一木，铭记这里的山川田野、庭院农舍，铭记这里仿佛与世隔绝、让时间停顿的一切。

由老房子改造的森林餐厅窗明几净，空间并不大，能容纳五张餐桌，可供二十余人同时用餐。餐桌上，鸢尾花兀自开放，带着朝露。这些时令花卉是餐厅员工每天早晨特意从户外采摘的，随意插在花器里就是一道雅致的风景。天府红谷四季鲜花盛开，常年瓜果不断，这也意味着餐厅四季风景多有不同，大异其趣。四月的天府红谷，鸢尾花随处可见，白色的，紫色的，带着清露迎风招展。

从各个方面来看，"高兴—靖口片区"具备乡村振兴的必备条件，于是，乡创联盟提出了"四方联盟经济体"的设想（政府平台公司、文旅企业、村集体组织、村民个体）。这正如徐耘在"未来红谷与和美乡村"的分享会上所说的那样，经过打造之后的红谷，在融合带动下，通过机制创新，联农带农，实现乡村建设、红色旅游、联合乡居、户外运动的有机呈现，这里将是乡村振兴的标杆项目。

走进"高兴—靖口片区"，让我们看到天台山的美丽画卷。

2

三加二乡创联盟介入南宝山镇的乡村振兴项目当中。在获知这个信息后，我就查找手头的《邛崃县南宝乡志》，结果没有发现川王村这个地名。我这才留意到现在的南宝山镇，是经过多轮区划调整后的新乡镇。2015年11月，油榨乡与南宝乡合并，成立了新乡镇。2019年12月，南宝山镇的茶板村、金甲村、常乐村、大葫村所属行政区域划归火井镇管辖。如此，在旧版的志书中就难以看到川王村的身影了。

关于南宝山镇，《邛崃县志》记载：该乡于1952年由火井镇分出，取名新民乡。1958年公社化时，成立新民人民公社，1980年地名普查，改名南宝人民公社。1981年末撤社建乡，成立南宝乡人民政府。境内有山名"烂包"，因其资源丰富，人们誉为宝山，故取"烂包"谐音"南宝"为乡名。

川王村是一个古村落，历史悠久。村名之所以叫川王村，是因为村里曾经有一个川王庙。《四川省邛崃县地名录》里记载："清修古庙，供刘禅像。"在大邑县的新场古镇，也有一个川王村，那是因村里有一座川王宫，其始建于明万历四十八年（1620），是具有明代建筑风格的古建筑。这个川王宫，坐北向南，占地面积约2530平方米。建筑平面呈长方形，由山门、张飞殿、川王宫、关羽殿、刘备殿、三清殿和左右厢房等组成，共有房间87间，建筑面积1464平方米。川王宫承载着蜀地历史，建筑本体用材讲究，工艺细腻，结构与装饰手法具有四川传统建筑的神韵，整个建筑打破了一般庙堂建筑的对称结构。2013年，川王宫被国务院公布为第七批全国重点文物保护单位。很显然，这川王宫与刘禅的关系不大。那么，为何这里的川王庙供奉刘禅像呢？也许背后有一定的历史渊源吧。

村子位于道火路边上，地处茶马古道遗址的边上，有着深厚的历史文化底蕴。不仅存有多处古民居建筑，而且还保有1935年中国工农红军第九军在当地鱼崖关战斗时留下的碉堡、战壕等，红色文化底蕴深厚。站在村子里，我时不时想起这些历史记忆，对当下的乡村振兴有着怎样的意义。确实，历史已经成为遥远的记忆，却也在启迪着当下。

这里最出名的是一条名为川王路的"四好路"（习近平总书记所说的"建好、管好、护好、运营好"的农村公路），它串联起这些众多历史文化点位的重要道路。

然而，在2017年前，川王路曾是南宝山镇出了名的烂路。路面不足3米宽，坑洼不平，微型货车都驶不进来，村民出行基本只能靠走。这条糟糕的路，犹如一道枷锁，将生态环境优美、自然资源丰富的川王村牢牢捆住，川王村一度曾是南宝山的"落后村"。

川王村要改变"落后"的面貌，修好川王路成了必须要迈过去的坎。2017年开始，广西南宁总商会成都分会会长，邛崃市南宝山商会副会长、出生于川王村的杨兴良牵头，20多位新乡贤出资修路。

2018年，南宝山镇召开乡贤座谈会，杨兴良回到家乡，一看路况很差，他一开口就拿出227万元，计划将原3米宽的公路扩展到4.5米。杨兴良出资50万，维修了南宝山境内1.5千米长的茶马古道，增设了凉亭等设施。

于是，川王路不断升级，2021年，进一步提升改造后的川王路全新亮相，加宽至5米，沥青黑化并划设彩色标线，全长约2.5千米，沿线景观节点、产业板块还根据当地特色景观和特色产业进行了打造和梳理，营造出"人在车中坐，车在画中行"的美好意境，成为"路旅融合，路产交融"的美丽农村公路。

2022年6月，川王路通过网络投票环节顺利入围2022年四川省

"最美农村路"评选,这条生态环保、景色宜人、花树相间、错落有致的乡间公路,在不断被外界关注的同时,也为川王村的振兴发展开启了一条"新路"。

2022年7月5日出版的《四川农村日报》上有一篇名为《山路弯弯 串起风景带动产业》的文章：

> 川王路的变化,成了邛崃市"建一条道路、塑一道景观、兴一带产业、美一片乡村、富一方百姓"着手"未来乡村"建设行动的代表作,川王村由此打通了资源优势迅速向产业优势转化的实践之路。
>
> 在川王村姚姓老宅,一座座与自然生态的生活方式相融合的古朴传统"四合院"正在拔地而起。杨兴良指着这片即将修成的民宿说:"这是我们和村上共同投资打造的文旅产业,不仅复刻传统农居场景,还原了乡村田园旅居体验,最终是要示范引领带动当地村民的民宿产业集群发展。"
>
> "现在路好了,愿意回乡创业的人越来越多了。"(川王村党总支书记)姚明华介绍,村上成立文化旅游投资有限公司,依托党建引领,积极探索"新乡贤(乡贤企业)+村集体(股份联合社)+村民"的发展模式,共同出资1200万元成立文化旅游投资有限公司孵化管理运营人才,按照"乡贤兴村、村企共建"的思维,充分利用新乡贤资源引领村集体经济发展,带动群众增收致富,为乡村发展持续注入再生动力。
>
> 辗转于全国各地建立蜂园的成都邛崃市蟲鑫蜂业专业合作社理事长王顺嗅到了商机。"以前一直想在家乡做点事,无奈交通成了最大阻碍。"王顺说,川王路修好后,让他眼前一亮。如今,他

带着资金回到了川王村流转了 1200 亩土地，依托"蟲鑫种蜂"打造产、学、研多功能一体化农旅示范基地建设，引入"强项中学"研学项目资源，增设户外拓展训练、团建等活动，丰富研学旅行体验。

姚明华介绍，下一步，村上还将探索户外露营"网红打卡"点，与火井镇的"金银花梦幻庄园"合作，优化"露营+"的组合，开发水上项目、落日电影等旅游消费场景，打造邛崃西部最具潜力的新业态产业基地。

一条川王路，改变了这个村的命运。然而，这只是乡村迈向振兴的基础。未来怎么走，还是要看选择怎样的路径。

在川王村，还保留了大量的川西民宅，在全村 300 多户基础上，南宝山政府前期做了大量的梳理工作，目前已有 20 户左右闲置农房，可采用腾退或租赁等流转方式，让社会资本进入南宝山发展产业。这，无疑也是一个新的发展契机。

71 岁的姚明均是川王村的村民，他家的房子就在紧挨川王路的一片林盘之中，这是一座修建于清朝年间的川西四合院，虽然经历了 200 多年风雨，但房屋形态保存完整，姚家 9 代人在这里繁衍生息。听说村里要发展旅游，姚明均第一时间响应号召，腾退了房屋，后来，他家按照"修旧如旧，与自然生态相融"的理念，被打造成为精品民宿示范点。"我们都愿意把房子腾退给他们装民宿，因为村上旅游发展起来了，老百姓的生活会越来越好。"

2022 年 6 月 27 日，川王村乡村振兴工作汇报暨第一批项目启动会在川王村村民活动中心召开。

南宝山镇党委书记程仕雄，党委副书记、镇长朱维波，人大副主席高艳，中国乡村发展基金会专家委员、四川省旅游学会乡创产业分会会长、邛崃市文旅精华片区指挥部顾问徐耘老师，南宝山政府工作组成员，川王村两委干部，成都市南宝山蜜蜂谷乡村旅游发展有限公司亢守会，新乡贤代表王顺、王飞、姚思发、王兴发、彭洪军，三加二乡创联盟负责人牟超，川王村项目组操盘团队及设计师团队等40余人参会。

在会上，南宝山镇党委书记程仕雄从组织领导、督察考核、宣传引导等方面介绍了项目工作推进情况，并就下一步工作重点进行了安排部署。程书记强调：此次会议是全面启动川王村项目的新起点，南宝山镇将全力做好各项保障工作，把工作做实做细，确保项目有序推进。

同时，徐老师从项目策划、组织保障、社会参与、首批项目启动等多方面详细介绍了川王村项目的前期工作及下一步的工作重点，进一步明确了项目建设任务，号召各方资源集聚，共同把川王村打造为邛崃市乡村振兴城乡融合创新发展示范村。

这也标志着川王村乡村振兴项目启动。

那么，未来的川王村是怎样的一个村落？徐老师有着这样的目标：建设过程中操盘团队要依托政府、乡贤、村委力量，以先富带后富的模式成立集体经济组织，开展项目建设，赋能乡村发展。操盘团队要积极发动在地村民参与建设，培育内生动力，助力川王村建设成为集运动、美食、研学、电商、乡居于一体的乡村振兴示范村。

随后，就在村里开始了农民夜校的培训活动，内容涵盖乡村的方方面面，其目的就是让更多的村民了解未来的变化，提高全村人员的积极性与参与性。

比如2022年8月12日举办的第二期农民夜校，川王村项目操盘人熊巍讲解了川王村服务中心、美食体验中心、蜜蜂研学中心、休闲度假中心四大板块，分别介绍了每个板块包含的项目建设以及整体风貌，他提出，要以"乡贤带动"及"产业带动"建设"乡村振兴示范村"，做邛崃标杆、四川先进，全国有位；接着熊老师阐述了川王村的新机制，由"村集体＋公益基金＋乡贤＋村民"四方主体组成的新公司参与整村运营，实现经济创收。现场为村民们解惑，鼓励村民参与项目建设。

2022年11月18日的农民夜校第四期，邀请到中国书法家协会会员、四川书法家协会理事、乡村设计师魏向阳老师作为授课老师。魏老师主要以《文旅融合下的乡村文化振兴》为主题，从乡村设计团队介入乡村文化建设的起因、文化介入乡村的前期研究、介入乡村文化振兴后的思考、传统文化的介入等八个方面进行详细阐述，并通过图片的形式向村民展示了项目成果案例，让川王村村民们非常直观地看到乡村设计的魅力。

再就是带领村民到乡村振兴示范村去参观学习，以现实经验带动村民对乡村的认识。这次活动选择了去蒲江的铁牛村。铁牛村于2021年被评为四川省乡村振兴示范村，村民们在讲解员的带领下参观了村容村貌，大家对这里实施的乡村振兴战略按着产业兴旺、生态宜居、乡风文明、治理有效、生活富裕的要求，推进新农村建设取得的新成果给予了高度赞扬。参访完后，川王村党支部姚书记表示川王村要向已经取得成果的村子学习，总结别人的经验，再配合专业策划和操盘团队做好川王村的乡村振兴工作，加快推进川王村的建设。

当然，对于川王村而言，运营管理人才决定了村庄的未来。为此，三加二乡创联盟还举办了人才培训班。这些活动的举办，无疑都在拓展村民对乡村振兴的认识。

与此同时，关于乡创的系列活动陆续在川王村有序开展起来，尤其是乡贤发挥了重要作用，不管是乡村道路的建设，还是项目的开发，都离不开他们的参与、付出，他们也是川王村不断发生改变的动力。邛崃市文联副主席杨凯义在参观川王村之后，写下《走进川王村》：

山村田园春色浓，黄绿紫褐明暗易。

远山苍茫梯田外，此景入画最相宜。

我看过邛崃市美术家协会 2022 年春天在川王村的写生作品，内容丰富、色彩亮丽，让人忍不住感叹原来还有这样的村落。川王村站在新的历史起点，谋求的正是"此景入画最相宜"。

这里也是天台山下最美的一道风景。

第四章

综合篇

从乡村走出来后，虽然已经有20多年没有具体接触乡村，但对乡村生活依然熟悉，也熟悉乡村的运行规则。但是今天，在乡村的发展道路上，我们会看到新概念迭出。这与其说是乡村的变化，倒不如说乡村存在着内生动力。

乡村各种活动的持续开展，让传统文化在今天焕发出新的光彩。在不少乡村都有文化活动项目的开展，这几年我也时不时去参加乡村的文化活动，留意乡村的这些变化。

三加二乡创联盟也在时时更新对乡村的认识，从而走在时代的前列。比如开设农民夜课、文化讲习等等，都有力地促进了村民对乡村的再认识。很显然，这样一个学习型的联盟，与乡村共生共存。

乡村在未来会走向哪里？悲观者认为，现代工业文明的持续进行、人工智能的推进，让传统的乡村不断发生裂变，乡村文化在急剧受到影响，传统观念越来越少，乡村可能会被异化。然而，在我看来，乡村的变化是不可避免的，再像以前那样的小农社会，已经是不大可能的了。但也正因如此，如何在维护传统时，运用现代社会管理方式，让乡村有新变化，也是一种时代要求。

今天的乡村固然与往日有很大的不同，但其内容与核心还是没有太多的变化。因此，在探讨乡村的未来时，会出现这样那样的概念，但不管是哪一种，都显示了乡村在面临着机遇的同时，也有新的挑战。不管走哪一种路径，最终都是为了实现乡村的共同富裕。

对今天的乡村而言，如何走好自己的可持续发展之路，还需进行探索，还需进行更深入的思考。

民宿主义

最近几年，在成都的周边，雨后春笋般出现了许多的民宿。在谈论乡村振兴时，有时最大的亮点就是民宿，甚至于可以说是一种标配。机缘巧合下，我也陆续走访了一些林林总总的民宿，大致分为城市民宿与乡村民宿。在这一节里，我将记录下我对川西的乡村民宿与乡村振兴的观感。

住宿业经历过三个重要阶段：第一阶段是自20世纪80年代起，符合国际标准的高星级酒店被引入中国；第二阶段是2005年前后，以住宿为核心功能，地理位置便利、价格相对低廉的经济型酒店，掀起住宿业态创新高潮；第三个阶段是2015年前后，在民宿业主、互联网平台、旅行达人等多股力量的推动下，民宿产业进入规模化发展阶段。

诚然，中国大陆的民宿起步虽然比中国台湾地区要晚一些，但中国大陆民宿发展却是后来居上。中国旅游研究院院长戴斌曾说："民宿产业是旅游住宿产业的重要组成部分，也是国际上规模日渐增长、品质不断提升的文旅产业新业态。民宿深植于城乡社区，能够帮助广大消费者更好地与旅行目的地产生情感连接，满足消费者个性化、多样化、品质化的旅游需求。"具体到成都，这几年，民宿业也取得了较快的发展。

2023年，成都市出台了《成都市旅游民宿管理办法（试行）》（以下简称《办法》）。《办法》立足于旅游民宿带动创新就业、盘活闲置资源、促进经济增长、助力乡村振兴方面的积极作用，明确提出"彰显文化、特色鲜明、融合创新、绿色生态、以人为本、规范有序"的原则，力争实现经济效益、社会效益和生态效益的统一。实际上，这给民宿的发展提供了更有利的依据。

1

2023年3月3日，我来到距离平乐镇4千米的花楸山，这里有"乡土人家，世外桃源"之称，拥有康熙御赐"天下第一圃"的古茶园、葱郁的竹海、清代古民居群。民宿就有数家，如龙门客栈、青风浦客栈、杜仲林客栈、核桃坡客栈等，而最别致的是竹上花楸。

竹上花楸于2020年冬季建成，投资3000多万元，成为引领花楸山乡村旅游的一张新名片。这里自然沿袭着传统农耕村落的建筑设计色彩，在这基础之上，又以解构主义的方式提取了对应元素，糅合了现代建筑特色，呈现出过去、现代交杂的多元面貌。

我第一次来花楸山，是在2006年12月参加"诗意平乐"诗会。当时的花楸山虽然风景很美，却因交通不便，到这里游逛的游客不是很多。我还记得当时来到花楸山的印象，如果不是因为诗会，可能我很难走到这里来，尽管这里有千年古茶树、"天下第一圃"、李家大院等可游之处。

竹上花楸确实与我之前看到的民宿不同，其所营造的文化氛围很浓郁，关键是这里的价格亲民。在这里可偷得浮生半日闲，几位好友在这里观山、冥想，皆有趣味。这里远离都市的喧嚣，让人一下子安静下来。不只如此，在这山间走走，感觉也挺好。房间的取名也富有诗意，进来，就可看到每个房间的风格各不相同，靠窗的位置均有一个榻榻米，如果人多，也可休息。平时，可吃茶看书。虽然我随身携带的有书册，但这里的书屋，还是激起了我阅读的兴味。至于房间里的设施，早已是现代化了。将传统与现代有机融合，大概是现代民宿的最大特色，而不是一味地复古，或强调现代，说到底，民宿讲究的是居住的舒适性、生活的便捷。

也许正是凭借这一点，竹上花楸被评为2020—2021年度金芙蓉双年奖"最佳民宿"。

竹上花楸主理人雷霞是个有文化情怀的人。花楸山的诗歌活动就跟她有很大的关系。2022年3月27日，"丝路雅集花楸令"活动在这里举行。我因事没能来参加，但还是写了一篇文章，记叙与花楸山的情缘。5月20日至22日，川渝诗人诗歌长廊刚好在这里落成，一个个自制竹筒风铃悬挂着长条形木牌，木牌正反面分别镌刻着诗人们写给花楸山的三行情书及其代表作。诗人们纷纷站在自己的风铃前拍照留念。夜幕降临，月上花楸，"邛茶天下香"诗会在湛蓝的夜空下优雅开场，邛崃的朗诵者和诗人们声情并茂地朗诵了花楸山主题诗歌和川渝诗人的代表作，将采风活动推向高潮。这两场诗会为2023年3月3日—3月5日的首届花楸山国际诗歌节打下了基础。诗人熊焱写下了一首《在竹上花楸午读》：

  临窗读书，如同在云上眺望渺渺星河
  句子里掠过耀眼的闪电
  纸张的背后全是雷霆的回音

群山绵延，寂静的坡岭正在收纳着
渐渐下沉的夕光。就像书读到动情时
停下来掩卷长思，心里落满生动的字迹
这样的时刻，是风葡萄于茶园
枝头的嫩芽，将在沸水中找到生活的真理
是飞鸟越过山巅，回荡在树梢的鸣叫
一滴滴如露水，接近于星辰的晶莹

陪着我的，是一盏邛茶和窗下的虫吟
当我起身往水壶烧水，我指尖上文字的热
高于壶中滚烫的水温。我突然理解了
活着，是灵魂不断加热的过程
就像我理解了窗外层叠的群山
恰如我手中的书卷。大地草木蓬勃
命运阴晴圆缺。而深邃的天空仿佛大海的倒影

　　诗人在这里住宿，留下长长短短的诗句，让花楸山不只是一座茶山，也是一座诗山。当谈到竹上花楸时，雷霞说："作为一个民宿人，在经营的过程中，除了情怀，还有更多的艰辛，要想把情怀变成美好的事物呈现在所有人的面前，所有人的眼睛里，除了坚持，还有不忘的初心，谢谢大家的支持。"
　　像竹上花楸这样的文化民宿，在成都的周边还有很多。

2

周末时间，恰逢春分。

文哥邀约朋友在都江堰聚源镇普星村去品尝春分馍馍。在往常，春分好像也算不上是重要的节日。但在川西平原，有好几个区县正儿八经地把春分记录在"民俗志"里，可见有着怎样的重要性。对乡村来说，春分过了，农耕就开始了新的一年。

晚上，几位朋友驾车去青城山镇，2018年的时候，这个地儿还属于大观镇，后来因行政区划调整，变成了青城山镇的一部分。穿过味江，在山里继续行走，也许是因为晚上，又落了雨，天气骤然变冷，路上的车辆很少。一路上，文哥给大家介绍村子的情况，我还以为是"蜀仙村"。到了地方，才发现是宿仙村。

已经是九点多钟。罗老师一直在沐云居等着大家的到来。罗老师就是本地人，前几年在这里修建了这沐云居，现在改成了民宿。大家随意聊聊天，就早早地休息。

早上，我是被一连串的鸟鸣声惊醒的。于是，出门溜达，在马路上遇见了一位老大爷。今年已经是92岁，他一个人在路上闲散地走着，手里拿着旱烟。后来，我才了解到这个宿仙村是长寿村，老年人很是不少。

在溜达的时候，我们还与当地的村民交流。宿仙村的得名，是因为这里的山叫宿仙山，山里有个很大的山洞，叫宿仙洞。村里也曾经有一座庙宇，后来拆除了，但当地还有相关的传说流传至今。

我查看了一下高德地图，沐云居所在的位置叫罗家坡。不知道这个地名和罗老师的先祖移居于此是否有关。

沿着马路溜达回来的时候，还不到八点钟。我这才仔细打量沐云居。

这个民宿看上去很有格调。在其旁边还有一家民宿——溪溪家·宿仙院子，就名字而言，与沐云居相比，似乎少了几分诗意。

沿着台阶拾级而上，即到了沐云居的门口。沐云居看上去很朴素，也有几分田园的风味。

院子有七八十平方米，已摆上了桌椅，可以坐在这里吃茶，闲暇时间，也可以眺望一下远山。在院子的不远处，有成片的樱花树……环境真是不错。

院子虽不是很大，但如果在这里做烧烤或者吃火锅也是相宜的。于是我咨询了一下罗老师，如果自己带了烧烤的材料或者火锅的材料，是完全可以在这里自助的。

沐云居是一楼一底的两层建筑，刚好可以居住四家人。厨房和相关设施一应俱全。比如几家人在这里举行小型的聚会，是相宜的。倘若单位举办小型聚会，也很适合。客厅的陈设是现代的，几束花也让房间多些了现代的气息。

房间的陈设也是现代的，各种设施一应俱全。住在这里，推开窗子，即可眺望远山。也许是下雨的缘故，看不太远，但依然能感受到山村的宁静。

院子墙角的花朵，可以随着季节的变化进行调整。有时，也可以在山野上采摘一些新近的鲜花，更显得接地气一些。

如今，全国各地的民宿数量众多，但能让人感受到自然的、清新的空气，才是最为适宜的吧。

尤其是在沐云居这样的地方，可以感受山村和自然的气息，这是与城市生活迥然不同的环境。

空气晴好的时候，就能看到山外的高楼大厦。我们抵达的时候，由于天气，看到的风景的确如此。

如果时间充裕的话，还可以在村子里走一走，在沐云居后面的山坡上，成片的樱花树下，有一栋木结构的建筑，虽然已经没有人居住了，但还是让人想起它的过往。

这样的老建筑在村子里还有几处。有一处还有人居住着，不过因为是早上，我们没有能够走进去看一看。在房屋的背后，是一个柴屋，里面码了一些干柴。在这里，还依然可以看到农耕时代的农具，现在大部分已经无人使用了。

随着乡村振兴的来临，这样的老建筑也将会被新的楼房所替代，或者是改建成新的建筑。在村里溜达的时候，我们看到马路边有平整的土地，也许是修建停车场吧。那么，过不了多久，这里也将是热闹的。

3

夏日的成都，闷热如旧。朋友约到青城山看看，于是坐快铁出发抵达，然后坐车进山，路过大观镇，我还记得十多年前在这里参加"大观诗会"，看荷花，卧听夜雨，沿着味江漫步。那真有一种良辰美景的感觉。

这一次穿过大观镇的两河口，过几座小桥，沿着溪流向上而行，原来这里叫麻岩子，溪流名字也变得土气起来。然后再穿过小桥就看到"七只雀别院"。所谓"七只雀"，即七位兄弟姐妹联合做的民宿。我们抵达之后，一群拥有艺术家气质的人物，这里看看，那里瞅瞅，不用问，一定是在寻求创作灵感。再看二楼,有一房间名为"桃源画社"，这有点意外，在乡村有诗社正常，但像画社这样的场所似乎比较少见。社长陶迅早前就已约我过来看看，可惜当时有事没有来，这一次算是弥补了遗憾。

果不其然，时间已是十一点半，艺术家们拿出笔墨，在溪流边的凉亭下开始泼墨作画或书写，各具风味。我站在旁边拍照，以便记下艺术家的风采。作画完毕，已近中午，此地的饮食以乡土味为重，尤其是讲究食材的生态。"七只雀"还自酿了一款酒，看其包装也有几分味道。

下午，艺术家们继续作画。我则坐在旁边吃茶闲话，主人尹春梅早年在新加坡从事旅游文化交流工作，两年前回到成都，打造出这样一个别致的民宿。室内清雅，落地窗前有一张小小的茶桌，两把椅子，正适宜于闲闲生活。在都市里，我们也许会遇见这样那样的茶楼，却难以寻觅清幽品茶之所。说是民宿，更像是邻家别院，简单、朴素、整洁，不乏乡土气息。

吃茶。茶为清茶，还有一种茶为山上野草所制，茶汤看上去有些像红茶，品起来却有一种野味，且浓烈。我倒习惯于吃这样那样的茶，不甚挑剔。如此也不过是寻觅茶味而已。在资深茶专家眼里，恐怕不够地道。

几个人闲话起来，看似漫谈，亦无主题，由此及彼，这样才得茶味。所谓品茶就是品的那份自在、随意，看似无关紧要，却又旁逸斜出来一点故事。这"七只雀"的背后就是天国山，山上有天国寺，因为眷恋茶味，也就不得不舍弃访寺了。

山色渐晚，艺术家们也已纷纷告别，我却选择留下来，看一看晚上的风景，也很有味吧。像我这样愚钝的人，对一个地方熟悉和喜欢，都是需要时间的，而不是"一见钟情"的那种。如此说来，在"七只雀"的下午茶也就是这样的过程吧。

4

我所走访的这些民宿，是各具味道的。在成都还有一种民宿，虽然并没有以民宿命名，而是"农家乐＋住宿"的运营模式。自然，环境与设施就相对简陋一些，对于我这样喜欢闲逛的人来说，也是一种选择。

当然，民宿在今天发展迅速，比如在花楸山，我留意到有建筑正在生长。不用说，这未来即是新的民宿在建造。虽然成都周边的民宿不像沿海城市那样发达，但从品质上来看，毫不逊色。不只如此，在促进就业、推动乡村建设方面，也在发挥着作用。甚至于说，它们就是乡村发展的推动者。

在走访了不同的民宿之后，我们或许会发现，民宿是一种贴近自然、倡导绿色的乡创新业态，是推进乡村振兴的重要引擎，也是农业、旅游业、文化产业的有效结合。因此也被视为"轻骑兵"。专家周湘智认为，未来的民宿可注重采用"企业＋村委会＋农户""旅游公司＋镇（村）＋民宿"等新型合作模式，推动乡村民宿集群连片发展，拓展共享农业、手工制造、特色文化体验、农副产品加工、电商物流等综合业态，打造乡村旅游综合体，延长民宿产业链，提升盈利空间。

由此可见，在民宿业的发展上，还有更大的空间值得去挖掘、探索，从而让民宿变得更亲民、更具魅力。

新社区营造

不管是在城市,还是在乡村,只要了解一下社会治理的相关话题,都会遇到"社区营造"这个词。

维基百科对社区营造有这样的解读:居住在同一地理范围内的居民,持续以集体的行动来处理其共同面对的社区生活议题,解决问题同时也创造共同的生活福祉,逐渐地,居民彼此之间以及居民与社区环境之间建立起紧密的社会联系,此一过程即被称为"社区营造"。

1

如果观察我们当下的社区治理模式,或许会发现,基层社会治理体制创新涉及四大关系:社区内部治理主体之间的关系;党组织和政府与社区的关系;社会组织和社区的关系;市场等其他主体与社区的关系。

像我们小区在打造社区自治示范点,就特别突出小区人人参与,社区根据空间的特点、小区需求进行规划和设计,并提出方案。最后提交小区居民审议,方案通过即实施,否则就重新提交方案。比如小区的角落有一小块空地,有人提出可以建设一个小型菜市,方便居民买菜。但大家觉得有菜市的话,可能很难保证垃圾的清理,与其这样不如不要。社区提供的方案就被否决了。像这样的案例还是很不少,根据居民需求进行规划、设计,从而带给居民更多的便捷,使社区的发展更趋合理性。

近年来,成都提出社区治理全域化。社区营造就被提到了前所未有的高度。由社会组织实施的各种营造方案纷纷出台,让社区居民生活更加丰富。

成都城市社区学院—清华信义社造研究中心社造案例集联合编写小组编的《社区故事社区写:成都社区营造案例集》(社会科学文献出版社2020年12月)一书认为:

成都市的社区营造坚持六个原则。一是居民主体原则。居民不仅是公共产品的消费者,同时也可以因为各个自组织之间的互助行为成为问题的提出者、组织化的参与者,以及另外品类的公共产品的提供者。二是共同参与的原则。一定要把每一个参与公共事务的居民作为这一个问题解决方案的一部分,不管是出钱还是出力。三是过程导向原则。因为在一个公共产品的提供过程中,一个公共空间的营造过程中,一个公共规则的协商过程中,人的转变是最缓慢的,是需要一步步实实在在推动的。四是自下而上的原则。在社区做社区营造解决的议题不能只是自上而下政府需要的,还要有社区的某一群人,他们自己愿意一起来推动改变的事情,一群人一起来做他们想做而能做的事情。五是权责对等原则。社区的权责对等更多的是表现为一种志愿精神、互助精神,大家一起来众筹人力和物资,推动问题的解决,而不完全是用市场的交换机制或向政府索求的方式来解决一些问题。六是可持续原则。在社区解决问题的人是当地的志愿者,资源是从当地整合而来,有钱做事，有人做事合在一起就是可持续原则。

成都市社区营造的倡导路径，从形塑公共空间开始，也可以从开展公益项目开始，通过挖掘骨干、培育领袖、发展社区自组织、制定规则、针对议题建立规约形成共识方案，并且推动集体行动，这整个过程就是成都特色的社区营造。在这种情形下，通过活动项目化、居民组织化、组织公益化，进而呈现出环境生态化、邻里互助化、社区社群化、服务自主化、网络平台化，这些是自然而然地产出，不用去刻意推动。

2

我最早接触到"社区营造"这个概念，是夏莉莉送给我的一册《谈谈社区营造》（社会科学文献出版社 2015 年 12 月）。在这本书中，我们可以看到不同的立场、不同的社会角色、不同的营造方式，在诸多差异中，他们有着怎样同质的关怀与追求？他们想对致力于社区营造的工作者们说些什么？人始终贯穿于事件中方能显示实践的魅力，因此，在与这些人对话的过程中，也将呈现出一个又一个精彩或遗憾的"社区营造"故事。我们希望用这些文字给读者带来一次次情感和认知上的共鸣——社区营造的根本，在于个体汇集下的自组织力量对社会未来的参与和责任的承担，社会可以给个体如此大的可能性，使其用行动完成对"更加美好的生活"的期盼。

夏莉莉介入社区营造已经有十多年历程。2006 年，由于在《城市中国》工作，开始接触并研究社区营造，2010 年创办社区公益书屋"夏寂书苑"，在都江堰壹街社区实践"基于社区营造的幼儿教育活动"，2015 年底成为明月村新村民，辅导和参与明月村社区营造，目前在明月村开展"自然教育与社区发展"和"社群经济与社区发展"两个方向的社区营造研究与实践。她和清华大学的王健庭结婚,并生育了儿子乐毛。因此,"乐毛家"就成了她实践社区营造的基地。

2017年成立蒲江县社区营造支持中心,在蒲江县全域内开展社区营造支持辅导工作。目前已创立"蒲乡"社区营造区域性公共品牌,带领"蒲乡生态小农联盟"与大成都范围内的城市社区及社会组织紧密合作,探索具有蒲江特色的社区支持农业(CSA)模式。

在明月村,她和家人建立了乡土自然研究基地——"乐毛家乡土自然学校"。我对夏莉莉的研究多有关注。说起乡村营造的践行者,她即是其中的一个代表。在她看来,所谓自然教育,就是回到原点认识这个世界。所以在儿子乐毛的成长过程中,是以这样的方式认识世界的。

在回顾住在明月村的感受时,夏莉莉这样写道:"这里的乡土,这里的自然,这里的绝大多数人,都深深地安慰了我和老王这样注定会失去故乡的人或者根本没有故乡的人,让我们可以安顿自身,并嵌入其中,'把自己作为方法',慢慢地,'在他乡,种故乡'。"

夏莉莉在这里开展了许多活动:读书会、自然活动、雨水收集、认识自然、徒步……通过这些方式,让我们进一步认识我们所处的世界。

在夏莉莉的2023年规划里,"乐毛家"将从一个家庭型的自然学校,转变为"明庭"(明月村的庭院),一座以明月村整村为基地的"新美育"共学社区。这也被王健庭称为"与自然共振的中国诗意"。

梁漱溟说儒家精神在于"要顺着自然道理,顶活泼顶流畅地去生发"。这种在恰当关系中释放天性的生活状态,正是中华文化所赞赏的根本,也是我们今天试图努力营造的氛围——"鸢飞鱼跃,活泼泼地"。

"新美育"课程在对中华传统文化内核的现代解读基础上,采用伴随式共同生活的"师徒模式",因材施教地针对每个学生采用不同的方式方法，在以现代技术手段探索"新自然"的设计研究基础上，尝试发展出将文化、生态、科技、社区融为一体的新型教育模式，这包括学术探索和生活实践两部分。由此，我们似乎可以预见乡村营造的未来与可能性。

3

我也时不时跟随不同的社会组织走进社区、乡村做全民阅读或打捞地方文化的事。这个过程中，也会发现有的社会组织欠缺相关的专业人员，地方文化的打捞常常是粗线条的，很难客观反映社区历史文化应有的样貌，这也使得所打捞的地方文化很难为社区未来的发展提供更多的支持。

不过，对乡创联盟来说，社区营造是促进乡创的一种策略。这或许可以理解为：新社区营造要凝聚活化乡村共同体精神。

这种"乡村共同体精神"，即是乡愁。首先在乡村做一些挖掘本土文化，让居民融入的活动，然后孵化和成立以村民为主的自组织，最后则是迈向自治理和自发展，"社区成员以合作的形式，通过主动整合利用社区内部资源，尽可能链接外部资源，以此满足成员的共同需求，解决共同面临的问题，从而实现社区和个人的共同发展，让成员更加团结紧密，并不断开启共同行动的正循环"。按照这种方式次第进行，乡村就有了自我发展的内驱动力。

乡创联盟在这个过程中所发挥的作用，是从多到少的过程。一旦结束项目支持之后，乡村也能按照既定目标做下去，让乡村最终走向可持续发展之路。

新社区营造的理念，就是在乡村建设过程中，不断通过人与事，让社区居民有"乡村共同体精神"。这个过程有点缓慢，却是最具影响力的探索。用邓淙源的话来说，即"社区营造应该是乡村建设的软实力，就是要去充分激活乡村的内生动力"。

陪伴与共生

乡村的急速变迁，让这个时代似乎无所适从，比如在传统与现代的选取中，时常会出现对立的观点。在乡村振兴过程中，却是在探讨现代乡村需从传统中脱胎而来，这就是在说明，离开了传统的现代乡村，可能就是无根之木，很难得到更好的生存，更不要说发展了。

关于乡村的发展，我们会看到形形色色的理论。同济大学建筑与城市规划学院教授、博士生导师杨贵庆则提出了"陪伴式规划"，所谓"陪伴式规划"，就是在实施村庄规划过程中，由规划师与村民、乡镇干部及施工人员等组成一个乡建同盟，提供全程指导。它要求规划师经常到村里，实地了解并及时纠正规划实施过程中的偏差。这一方式需要各方利益共同参与、互动交流，以达到实施好规划的目的。在谈到这个时，杨贵庆这样说：

> 从2012年开始，我所在团队深入台州市黄岩区开展美丽乡村规划建设实践。9年来，通过陪伴式规划，深入村庄一线，指导乡村建设，取得了一定成效。比如，经过规划建设，屿头乡沙滩村成为"中国村庄发展的浙江样本"之一；昔日"空心村"宁溪镇

乌岩头村被列为全国美丽乡村"千万工程"七个典型案例之一。

"陪伴式规划",具体方式有三。其一是规划师在项目实施过程中持续到现场跟踪。9年来,除了疫情防控等特殊情况之外,我们一般每2~3周到村里一次,及时发现问题并予以指导。其二是采用"路演"方式。每次到现场,我们与乡镇领导、村干部、施工队长、地方设计人员一起,边实地察看、边肯定或提意见,回答问题并提供解决方案。其三是建立单个项目微信群。从区领导、乡镇干部到村干部,加上施工队和设计人员等都在群里。通过微信群互动,我们针对上传的现场照片及时解答问题。

对三加二乡创联盟来说,陪伴乡村共成长,也是需面临的问题。"首先要倾听村民的意见,结合村庄发展的方向,进行相关的规划与操作,从而让项目更接地气,更容易落地生根。"三加二乡创联盟秘书长牟超这样说。

"在三加二的乡村发展理念当中,还有一个重要的内容就是温暖乡村、陪伴乡村、创意乡村。温暖乡村和创意乡村,都好理解。陪伴乡村,看上去似乎不大容易让人理解。"我表达了自己的疑问。

"陪伴乡村,也就是长期扎根在乡村,与乡村一起成长,这样才能更好地促进乡村发展。"牟超解释说。

所谓陪伴乡村,也就是乡创联盟全程参与乡村振兴的过程。

从最初的陪伴阅读开始,三加二读书荟就在持续做这样的工作,直到现在,一直在不同的村庄做乡创,这种陪伴,已经进行了十年。如我最初认识的志愿者罗静,她是最早的一批志愿者,多年来,一直与三加二保持着志愿服务,哪怕后来结婚生子,也在继续做。这不能简单地归结为喜爱阅读,或是别的理由,而是从这群人身上看到了阅读之光，虽然微弱，却始终是照亮前行的路。

陪伴乡村，大多是无私的奉献。这样的案例有很多很多。而乡创联盟眼里的陪伴，是与乡村共同发展。2022年夏天，中国青年出版社编辑刘霜得知我也在关注乡村振兴这样的题材，就寄来了樊前锋、徐华森的《闽宁山海情》，这是一部情连闽宁、跨越山海、波澜壮阔的乡村振兴创业史。几百万年以来，为了追寻宜居之地，人类不曾停下迁徙的脚步。二十世纪末，一群衣衫褴褛的人，从黄土高原的大山深处，移居河西走廊戈壁滩，在母亲河畔书写了一部震撼人心的乡村振兴史。古老的村庄在新的土地上焕发出勃勃生机，闽宁两地跨区域扶贫协作造就了一段山海情深的佳话。这样的故事，读来让人动心。

凑巧的是，2023年2月22日，由中国乡村发展基金会百美村庄项目部主任郝德旻组织带队，宁夏回族自治区乡村振兴局副局长常学文、社会处四级调研员孔明，宁夏银川市乡村振兴局局长陈玉贤、副局长赵艳华，宁夏回族自治区银川市永宁县人民政府副县长汪世云、闽宁镇人民政府镇长马晓平一行莅临三加二乡创联盟新场总部考察交流。本次考察交流，双方分享了对于乡村振兴中文旅行业的看法，吸取各方乡村振兴实用性案例的经验，有助于双方项目的开展与合作。我获得的最新消息是，乡创联盟将与闽宁镇合作，共同推动当地的乡村振兴。

这几年，来乡创联盟考察交流的单位很多，乡创联盟期望把"公益＋乡创"的理念带给更多的乡村。"乡村振兴战略，决定了乡村发展面临着新机遇，如何才能构建和美乡村生活，需要的不只是资本支持，更为重要的是，让乡村找到自己发展的方向，从而走可持续发展之路。"徐老师这样说。

对于乡创的前景，徐老师很乐观：因为乡创只是一种模式，"具体到每个村庄，都要根据实际情况，进行差异化发展，这样才不会出现千村一面的情况。这其实要求我们的乡创更加精细与精准"。

从这里，也可看出乡创联盟的布局，即有了模式，再针对乡村进行具体谋划。徐新建带领的学术团队给予的支持就很大，"研究乡创模式，还需落实下来"。因凭借着这样的信念，乡创联盟所走过的路，也可以说是一种陪伴。

在乡村振兴路上，除了陪伴之外，就是共生了。胡守钧先生在《社会共生论》一书中提出："社会共生论以人人平等为前提，每个人生而平等。勿论信仰、阶级、性别、职业、年龄等所有生物性和社会性的不同，只要你尊重他人的公民权利，那么你也拥有同等的公民权利。人之间有不同利益，团体之间有不同利益，阶级之间有不同利益，当然有冲突、有竞争，但是冲突和竞争并不是要消灭对方，而是以共生为前提。"

众所周知，共生最初是一个生物学概念。一百多年前，德国的一位生物学家首次提出："共生是不同生物密切生活在一起。"现代生态学把整个地球看作一个大的生态系统，生物圈内各类生物间及其与外界环境间，通过能量转换和物质循环密切联系起来，即"共生"。

在乡创领域的共生，不只是讲究人与自然的和谐生存，也指村庄里的各种业态要有共生理念，这是说不管村庄里的哪一个领域，都是村里的一部分，其运作得好不好，都关系到村庄的形象。

"大家都要以好的面貌呈现。比如说民宿、餐饮，看似独立经营，互不相干，但放在一个村里，如果一个环节出现问题，就可能会引起连锁反应。这就像是打牌里的'同花顺'一样。"邓淙源这样给我解释。

"做乡村规划时，就要有个整体规划，这样才能让乡村布局合理。"规划师梁冰也有这样的体会。

对不少乡建人而言，共生就是探求乡村在新时代如何在融入新的业态情况下，完成村庄的更新。如果仅仅依靠村庄自身的力量来做这件事，可能就很漫长。正是由于乡创的介入，乡村内容变得更为丰富、多元。

陪伴与共生，就像是乡村振兴的两极，让乡村发展，更加温暖。

村庄的出路

1

这几年,我往乡村里跑的次数越来越多。这不只是为了写作脱贫攻坚或乡村振兴,而是因为在乡村出生,对乡村生活有着天然的喜欢。我去过的乡村,有的是乡村振兴示范点,有的是寻常乡村。比如都江堰市的聚源镇三星村,我前前后后去过许多次。

这是诗人文佳君的故乡。《灌县聚源乡志》记载,三星村是因村内有三星桥而得名。此桥是因桥边曾建有三座土地庙,庙神各为一星得名。

三星村的产业不多,仅有靠在水闸不远处的小卖部。这里是以农业为主的村落,距离都江堰快铁站只有 4.8 千米,距离城区也极近,故村民有不少住在城区,而回村就更像是一种休闲度假。三星村的面积不是很大,绕城高速从村子里穿过,但并不影响这里的居住环境。我去三星村,除了去文佳君的院落聚会,品尝美食之外,还时不时在村子里闲逛,试图发现村庄的"亮点",很遗憾没有什么特别的发现。

很多乡村,就像三星村一样,很难按照时下的一些乡村振兴模式来打造，即使打造也未必会有美好的结果。

2

2023年的春节，我回到千里之外的乡下过节。疫情三年，很多在外务工的人终于得以返乡，自然是热热闹闹地过节，这种热闹却只有短暂的一周左右的时间。我出生的村子，没有经济实体，即便是所谓的产业，也屈指可数，大多数年轻人选择外出务工。如果说实现了脱贫攻坚，还是靠务工人员增加了村庄的经济实力。那些有些土气的楼房即是家庭收入的最佳证明。多年来，居留于乡村的都是老人和儿童，年轻人都出门了。那么，如果搞乡村振兴，可能就没有合适的路可走。维持现状，也是难以维持下去了。这是因为今天的年轻人在结婚时，大都会选择在县城买一套房子，村庄未来的命运，似乎不难预料。

我弟弟也多年在外务工，与大多数人一样，挣了钱，就在老家盖了三层楼房，有一个独立的院落，环境看上去很不错，这是准备给侄儿以后结婚用的。侄儿中学毕业之后，进城工作。现在在一家烹饪学校学厨师，很快就毕业工作了。我不太清楚他未来会选择在城里还是乡村就业、生活，但可以肯定的是，他未来也有可能像其他年轻人一样进城生活，乡村只是一种乡愁，一种回望岁月的梦想。

这样的现象，在每个村庄里都是不太新鲜的事儿。倘若悲观一点想象的话，也许再过几十年，我曾经待过的这个村庄可能就消失掉了。

从乡村到城市，这不只是一个人的上进心，其实也是乡村向城市模拟、借鉴的结果。

3

在如火如荼的乡村振兴征程上,那些乡村振兴示范点位的发展让人兴奋,但大多数乡村是不是具备这样的可能性?我也就这个话题跟在乡村一线工作的朋友交流,虽然每个人的说法都有理由,各有千秋,却难以寻找到最合适的答案。

有一段时间,我沉浸在图书馆,持续阅读与乡建有关的书籍,期望从中寻找到自己想要的答案。在民国时期,那场轰轰烈烈的乡建运动,虽然是一场试验,却也还是取得了不少成效,尤其在改变乡风、土地归属等方面有着新变化。若没有遭遇战争的话,是否会改变乡村的面貌,让乡村拥有新气象呢,这还是未知数。

当然,历史不许假设。但这却给了我宽阔的想象空间。再来看看国内外的乡村建设,欧美的,日本的,乃至于中国台湾地区的乡村运动,不管是运作机制,还是政策策略,既有相似点,也有差异。窃以为,乡建的成功最终取决于乡村整体素质的提升,没有这一点,哪怕有再好的机制,都难以让乡村发生根本性的变革。

这个过程是缓慢的。中国乡村史是一部大书,历经千年,也未必有太多的变化(缓慢的进程,仿佛时间静止了)。但在今天,短短数年就取得了根本性的变化,这确实大不易。

也正因如此,乡村之路,唯有向前。

4

李强总理在回答记者提问时,他这样说:"就乡村振兴这件事,下一步要关注三个关键词。第一是'全面'。乡村振兴不仅是发展经济,更重要的是全面彰显乡村的价值，包括经济价值、生态价值、社会价值、文化价值等等；第二个关键词是'特色'。中国地域辽阔，十里不同风，百里不同俗，各地必须因地制宜，打造各具特色的乡村风貌，特别要注意保护传承好地域文化、乡土文化，不能搞成千村一面；第三个关键词是'改革'。要通过深化农村改革促进乡村振兴，农民是乡村振兴的主体，我们一定要充分调动广大农民的积极性，让农民参与到乡村振兴中来，要让农民更多分享由于改革发展带来的成果。"

这也给当下的乡村振兴指出了新路。三加二乡创联盟所做的事情，现在已经服务西部七省市，而乡创操盘手业务服务的人群则更多，徐耘用"服务全国"来表达，这毫不夸张。

为何乡创联盟会取得这样的成绩？其背后就在于对乡村生活的熟稔，能够快速以三加二乡创联合体为核心，以"公益＋乡创"、文旅赋能乡村振兴为使命，把乡村事情做成乡村事业。

事情与事业，仅仅是一字之差，就有了不同的格局与气向。从这里，似乎也可以看出其在乡村的抱负。

5

乡村的出路在哪里？不同的人群都在寻求答案。这个，当然没有标准答案，唯有经过试验之后，才知道哪一条道路是最为适宜的。

试验的结果，未必都是符合预期的。也正因如此，我们在面对乡村振兴时，更应该以宽容的眼光去看待，而不是觉得失败了，就没有了价值。

可持续发展对乡村而言尤为重要，但要做到这个，就需要一些条件，比如经济基础，比如人才，等等，这些都决定了乡村到哪里去。

有一种观点认为,"乡村振兴战略"的可持续,不仅需要乡村能够留住相当一部分人口,还需要能够留住能人。也就是说,不仅需要留住人,还需要吸引并留住一部分有人力资本和社会资本的能人。学者唐世平与李小云认为,乡村振兴涉及政府主导与村民利益的结合,否则乡村振兴就会成为纯粹的政府工程。因此,如何能够让广大农民成为乡村振兴的主体,是第一维度的核心。第二维度则涉及乡村振兴的动力学问题。如果没有城乡联动与融合,乡村就成了孤岛,乡村振兴也就不可能成功。而城乡联动必须主要依靠要素的流动。这是第二个维度的核心。第三是人的问题。乡村能否留得住人口和能人取决于乡村能否宜居宜业。这是第三维度的核心。

从理论到实践,这是乡村振兴不断推进的过程,更是试验的一部分。从这里,我们可以看到乡村的未来。

6

有一次,在乡村参加一个乡村文化论坛,我跟诗人王学东一起交流,他说现在的乡村既不是记忆中的乡村,也不是想象中的乡村。之所以会有这样的印象,是因为乡村在这数十年之中发生了太多变化,与城市相近,与传统乡村渐行渐远。"我们回不去了。"他不断重复着这样的话语。

我理解他对乡村的情感。我也一度疑惑,现代乡村虽然有乡村之名,但就建筑、道路、人际关系等等而言,已经发生了太多的变化。这种变化是一种内在动力使然——人们总是在追求美好事物的路上。

我们得适应这种变革带来的种种变化,美好的,丑陋的,它们都应该是生活里出现的。正如黑格尔所言:"存在即合理。"这种"合理",

也是生活里的一种样貌。

　　乡村振兴的方式、方法，在今天有多种可能性，人们所选择的方式可能不同，但目标却是一致的，即迈向和美乡村。

和美乡村

乡村应该是怎样的乡村？是不是像成都城区里的未来公园社区那样存在？这个话题引人思索，也充满了探秘性。

这个答案，可能有多种可能性。我们不妨从近年来中央对乡村工作的提法，看一看乡村的变迁是怎样的：

2013年，中央一号文件提出建设"美丽乡村"的奋斗目标。

2017年，党的十九大报告指出要"建立健全城乡融合发展体制机制和政策体系，加快推进农业农村现代化"，实施"乡村振兴战略"。

2018年，国务院印发《乡村振兴战略规划（2018—2022年）》明确要求建设"生态宜居美丽乡村"。

2022年10月召开的党的二十大会议中，党中央首次提出要建设"宜居宜业和美乡村"。

从美丽乡村到和美乡村，是乡村发展的一脉相承，更是乡村的未来之路。

1

在乡村振兴的路途上，常常强调的是党建引领。比如彭州市宝山村的乡村振兴之路，被称为"宝山实践"。

20世纪70年代以来，宝山村充分发挥党的组织优势，历经改土造田、工业发展、转型升级和绿色高质量发展，走出一条发展壮大村集体经济、实现共同富裕的幸福大道。今天，全面推动绿色发展战略，坚持在高质量发展中促进共同富裕，立足当地资源禀赋和市场需求，以生态价值转化与共享为主线，一、二、三产融合发展为路径，不断拓展产业空间、创新产业形态、促进产业交叉融合，形成了以"山地运动、乡村旅游、森林康养"为核心的农商文旅体融合发展格局，村集体企业26家，固定资产达109亿元，2021年人均年收入达到81 132元。

党建引领在宝山村得到很好的实践。作家郑光福在《三进宝山村》里这样说："在新时期发展阶段，党委一班子人应怎样带好头呢？上届党委书记贾正方说一不自私，二要有敢闯敢干的精神，三要有学习先进的精神，四要有不怕困难、迎难而上的精神。党委一班人要严格要求自己，起好模范带头作用，带领全村村民适应新时代变化，大干巧干，把宝山村56平方千米的山村规划好建设好，资源开发利用好，具体讲就是把矿山、林木、资源的合理开发利用好，守住这片青山绿水，关掉化工污染企业，继续振兴我们的新农村。宝山村要建设成现代化的宝山村，要加强集体经济发展。党委要求共产党员'从我做起'，要树立共产主义的集体主义精神，树立好每个人的人生观、价值观、物质观；要多学文化，树立创新精神；尊重知识文化，求真务实。"

2022年10月，我来到宝山村进行采风，听宝山村书记贾卿介绍宝山经验，这才真切地感受到乡村振兴得益于强有力的领导。但对大多数乡村来说，这种模式很难有复制、借鉴的可能，一是资源没有那么丰富，二是难有好的产业发展思路。

尽管如此，宝山村还是给乡村振兴提供了新思路。

2

三加二读书荟从一开始就是一群人深深扎根于乡村。无论从事业还是收益来看，这都是显得微薄的，至少不像在城市工作那么体面。但即便如此，他们依然在坚守，不，是创造。不管是陪伴阅读，还是流动书屋，不管是托管农家书屋，还是开展乡村阅读，都是乡村里从未有过的事物。

他们多数是志愿者，很少有专职人员，却一直在努力寻找乡村阅读生存的方式。这种寻找，即在乡村里开始各种试验。越来越多的年轻人走进城市，乡村里留下来的阅读群体很薄弱。我还记得也曾到乡村做阅读推广活动，效果究竟如何，也还是未知数，毕竟大多数老年人来参加活动，是冲着活动发放的小礼物，至于活动内容，似乎无关紧要。

当然，其中也还是有阅读者，只是这个群体很少罢了。"即便是很少的群体，只要持续做下去，也会有影响。"这是一种信念。

作为旁观者，我一直在关注着三加二读书荟的动态。虽然现在有在乡村做阅读的社会组织，但多数是采购图书送到乡村、学校就结束了，至于如何阅读，打开乡村的视野，很少有社会组织涉及。或许是因为这样做阅读过于"愚笨"，很难短时间见到成效。

三加二读书荟却一直在尝试改变乡村的文化状态。直到有一天，他们介入乡村建设当中，在明月村，尝试着以第三方力量来改变乡村的面貌。

事实证明，他们做到了。于是，公益又有了新内容，那就是乡创。

这个摸索的过程，是顺势而为。即顺应着乡村发展的大趋势，如何才能赢得未来，简单的做法是引进资本，快速改造乡村，但这个过程中，老百姓可能并不是最大的受益者。引进新村民的设想就在这样的背景下出现。新村民对乡村来说，最初可能被看成村庄资源的掠夺者，但经过运营，村民会发现，新村民的到来，让村庄变得有活力，也带动着更多的家庭就近就业，收入也有所增加。这才有了欢迎的姿态。

有一种观点认为，"新村民"正成为中国乡村振兴战略一支充满活力、创新力的崭新力量。他们带来新的技术与观念，将乡村的历史与文化，一草、一物、一砖、一瓦都链接到更强大的资源网络中，不仅能拓展当地发展的机遇和空间，也将重新形塑乡村的物质面貌和精神面貌，带来的倍乘效应不可小觑。他们就是撬动改变的那一个个支点。

因此，乡创的过程，可被理解为新老村民互相交流的过程。最终实现的是，村庄变得漂亮了，名声更大了，伴随着的是经济也增加了。

3

要做到这一步，很不容易。这既要有村民的支持，也需地方政府的支持，其中既有政策引导，也有资金支持。在乡创发展的过程中，地方政府并没有直接出面，而是通过第三方运营的方式，让乡村按照一定的逻辑走下去。"关键是人，如果政策摇摆不定，就很难将一个项目更好地做下去。"对此，三加二读书荟升级为乡创联盟时，就特别强调这一点。

戴着镣铐跳舞。即便是有限的空间里，乡创联盟都要做到将乡村变迁最大化。因此每走一步，都关系到乡村的变化与走向。

在乡创项目的最初阶段，需要对乡村情况进行调查。2019年5月11日，四川大学文学与人类学研究所、教育部人文社科重点基地中国俗文化研究所与成都大邑县三加二读书荟、成都十方乡创文化创意有限公司联合成立四川大学—大邑乡村研究院，并召开了校地合作座谈会。研究院关注川西特色村镇，聚焦新问题、提出新见解、开创新模式，推动基于本土经验的乡村学及以乡村振兴和本土重建为蓝图的林盘生态博物馆建设。

乡村研究院的推动者，是四川大学研究人类学的专家徐新建。关于乡村振兴，他曾谈到，"三农"是乡村旅游的文化基础，是乡村旅游的聚焦点，要结合中国特殊的国情背景研究乡村振兴。因此，在乡村振兴和城市乡愁的推动下，从旅游与人类学出发看乡村也是一个新的视野。这样的观点也给乡村发展带来了新视角。

基于对乡村振兴与乡村建设的认识，徐新建甚至提出了"乡村学"的概念。城乡之间的互动，"从百年中国的乡村变化看，至少出现了三次大规模的城乡移动浪潮。先是民国时期'眼光向下的革命''到民间去'，然后是20世纪60—70年代的知识青年'上山下乡'，接下来便是如今上下结合的'市民下乡'。所谓'市民下乡'就是城里人自发、乡村欢迎、政府鼓励的新一轮市民移居潮，会不会形成持续深入的长久运动目前还不确定。"这种梳理，让我看到乡村变迁的可能性。

徐新建的研究，带给乡村振兴一股新风。正是由于专家团队的加入，乡创联盟的调研才做得细致、有力，从诸多的细节中，挖掘出可促动乡村变革的内在动力与逻辑。

从后来的项目实际运作中，我看到联盟已经有了自己的一套乡创体系。这套体系，让乡村振兴变得更具有可操作性。

4

把乡村事情做成乡村事业。三加二乡创联盟的这句话看似是一句口号，却凝聚了乡创联盟的真情付出。当然，仅仅依靠乡创联盟的力量，很难把"乡村事业"做大做强。于是，乡创联盟开始着手培训，培训不同类型的乡创人才，以此带动更多的人才走入乡村。

几乎每个月都有培训班开课，乡创联盟的高行动力，也决定了培训的加速。"这个培训，并不是培训就完事了，还要跟踪服务，"邓淙源说，"乡村振兴是'宏大叙事'，但具体到每一个乡村，都有不同的难题需要解决，考虑到每个村庄的条件不同，环境也有差异，地方支持的力度也有变化，最好的方式是因地制宜，带动村民走向致富之路。"

徐耘有时也需亲自上阵，给学员上课，解答问题。他将自己定位为"联盟导师志愿者"，简言之，既是导师，也是志愿者。这种交叉的身份让他在乡创项目中更加游刃有余。

2022年7月10日，陕西省留坝县乡村振兴农村党员干部创业致富带头人培训班第三期在资阳市雁江区晏家坝村乡创学校开班。

这是留坝县实施2022年乡村振兴主题培训计划，走出陕西省的首个培训班，由三加二乡创联盟提供师资力量，采用专题讲座、研讨教学、经典案例分析、优秀案例研学、成果路演等多种形式相结合的培训方式。这是当下乡创联盟的培训方式。

徐老师在这次培训班上以"乡村振兴中的基础力量——三新人才"为题，通过亲身经历，为大家讲解新干部、新农人、新乡贤三类人才在乡村振兴中如何发挥力量。借助明月村的成功操盘案例，对乡创系统以及"113+3"操盘体系作了详细介绍。像这样的讲座，每年都要进行数十场，在与学员交流的过程中，徐老师也会有新的发现、新的内容可补充进来。"新乡贤，在明月村体现的是外来移民，他们能从无根的状态植入当地，实现文化的移植发展，再以这里为故乡去帮助这个地方振兴，那可能才是一种真正的振兴。"

在培训班上，徐老师担当主讲角色，其他讲师却灵活多变，"我们根据每个人的特点和经历来做讲师，这样的培训就比较有针对性，也更能与更多的基层乡村产生'共鸣'。"这种做法，也普遍受到学员的欢迎："培训班理论与实践高度结合，安排科学合理，内容实用充实，组织专业精细，是参加培训来收获最大的一次。"

2022年3月，由中国扶贫基金会百美村宿项目部主办，成都三加二公益阅读推广中心承办的"乡村发展开拓者计划"在成都开班，该计划旨在挖掘具有操盘人潜质的本土人才，进行系统化、全方面的理论与实操培训，目的是为项目县及百美村庄项目培养合格乡村发展开拓者，促进乡村人才振兴。希望学员扎根乡村，创新实践，助力乡村振兴。徐老师认为，培养本土人才，推动专业人才服务乡村，是乡村振兴操盘人才的支撑力量。无疑，这也决定了乡村振兴能走多远。

在今天，在成都做乡村旅游的企事业单位很多，但像乡创联盟这样既参与项目，又有培训课程的并不太多。这也就从客观上推动着乡创联盟不断前行。

"一个理论，并不是提出了，就已经完成了使命，而是要在实践中不断检验，与当地的乡村发展相结合，这样才能更具实用性。"当越来越多的地区发现乡村振兴可以这样做时，就纷纷来到乡创联盟学习与交流。

5

就乡村而言，只有好的生态环境，并不能带来更好的发展，这就需要对乡村进行规划、包装，使之更具个性化，与周围的乡村区分开来。这样就要找出乡村的独特性来。当我们走进不同的乡村时，会感受到不同的文化，即便是村庄面貌也会有所不同。这其实是源于村庄的文化底色。

乡创联盟在做项目时，力求挖掘出乡村的"美丽"，这包括自然生态之美，比如成都平原的竹林盘、乡村美食、民宿等等，也包括了文化挖掘、整理，村民关心的重构等等，力图全方位地展现村庄之美。如果我们仔细梳理宜居宜业和美乡村建设，就会发现，这涵盖了经济建设、政治建设、文化建设、社会建设、生态文明建设。对乡创联盟而言，除了政治建设之外，其他领域的建设都在积极推动，而不是侧重于某一个方面。

和美乡村，将是乡村存在的最新发展态势，也是在希望的田野上逐梦的体现。从这个角度看，让更多的乡村迈向"和美"也是"三农"要解决的最高目标。

附录
阅读乡村

说起乡村,我们总会想起"乡愁"一词。在城市生活得久了,对于乡村生活似乎渐渐远离,但在内心深处依然会向往乡村生活的那种无拘无束、自由自在,而不像在城市里有着许多的条条框框。

进入 21 世纪以来,我陆续阅读了一些与乡村、故乡、乡愁、城镇等相关的书籍。每读到一册这样的书,都要做一些长长短短的读书札记。由此,可看出我对乡村的认知与理解,这也是在乡村变迁大背景下的书写。故,此处收录了这些阅读札记。

安徽省黟县璧山村

家园之说,这两年似乎受到的重视越来越多,谈论的人也在增加,但与此相反的是,家园变成越来越稀缺的词语,精神的栖息地变成了垃圾场。这种反讽看上去更像是一场行为艺术。但也正因这样,艺术家左靖所主编的《碧山 02:去国还乡》(金城出版社 2013 年 7 月)成了这个时代不可或缺的注脚。

在更多的时候,我们对乡村、家园的消亡会停留在哀叹上,而缺少相应的行动，一旦走到这场寻找家园的路上，就可能失去得更多，而得到的却可能少得可怜。在利益主义者眼里，这是得不偿失的事。那么就把这种情怀深埋在内心深处。不过，这还存在着另外一种状态，即在成为一位改良主义者的同时，也并不妨碍你成为一位个人主义者。救活乡村，其实就是救活自己。左靖说，去国还乡，在我看来，正是走在寻找我们传统家园的路上。我们的家园在哪里？最重要的还是在每个有着传统文化精神且富有创造力的人身上。去国还乡，实际是在寻找我们自己，只要前赴后继的人还在，我们的家园就不会消亡。

这似乎只是美好的愿望，因为在自然消亡史里，这样对家园的拯救是否就像堂·吉诃德那样，最终是一个转身呢？在书中，作者没有回答这个问题，而是将行动和成果一一呈现出来，美好的或不美好的都在，这样的面目让人欣喜，在行动中，或许才能更好地去寻找家园的所在。

无疑，随着经济、文化的发展，乡村也好，家园也罢，在今天所承受的灾难不仅仅是凋敝，也还包括了传统家园的消失，比如传统文化所依赖的乡土，土地还是那片土地，而在其上所生长的文化却多少有些凌乱，非自然的。城镇化对乡土的侵袭是随处可见的，不仅如此，在更广阔的土地上，人类所种植多年的传统家园被新的理念所取代、破坏，但与之进行的拯救，是否就能挽回曾经的美好？却也还是一个疑问，那到底是艺术家的爱好，还是趋向于大众的需求？这样的思考或许有助于我们看到在今天的家园景象。

钱理群先生的《我们需要农村，农村需要我们——中国知识分子"到农村去"运动的历史回顾与现实思考》虽是一篇旧文，但文中所述的历史回顾与现实思考对于今天的青年学生和知识分子仍具有重要的参考意义。也许钱先生已经预见了这十多年来乡村建设在中国的蓬勃发展，不管怎样，他所提倡的"低调的、理性的理想主义"，不只是一种脚踏实地、正视现实的选择。历史的重复与再现，让我们看到了精神还原之艰难。

对一个艺术家来说，理论上的探讨或许不如实际行动来得更为靠谱一些。中国台湾地区南部美浓的"黄蝶祭"和日本的"大地艺术祭"，虽是惊鸿一瞥，却让我们看到了文化和艺术在乡村重建中的作用与力量。在这一点上，当下的所谓艺术让日常生活重生更像是一个严峻的话题，而与当下艺术界的浮躁气息恰成鲜明的对比，概念、阐释所完成的，跟艺术现场所呈现的状态，是有着疏离感的。这或许在提醒，在路上是一种状态，更大于它所实际带来的效用。

那么，去国还乡所提供的命题是不是一个伪命题，就不太重要了。在这一场运动中，重要的是对传统的回归，不管是乡土价值的重建，还是精神的重塑，都需要在更广大的背景下运行，从而让这种在路上落到实处，"不仅仅是看沿途的风景，把根扎下来"。这是精神的倔强，也是对未来的诠释。

左靖说，"碧山"并无确切的指向，她是一个象征，象征着哺育我们的自然和中华文化的原乡，那青碧的山峦和村庄，将永远是我们来源于斯并心归于斯的所在。无疑，这在路上的努力实在是宝贵的精神财富。

安徽省涡阳县大于村

关于乡村，我们读到的文章已经很多很多。尽管如此，当一本有关乡村的新书出版，我们还是希望能读到。于继勇兄的《大于村》(黄山书社 2015 年 5 月)，就是值得期待的一部乡村大书。

关于这本书，编辑是这样介绍的：

本书为作者回忆皖北乡村生活的散文随笔，收入文章 54 篇，作者以浓浓的情感、独特的体悟、细腻的笔触，写下了一个个与五谷耕作相依、与贫穷艰辛相随、与泥土烟火相亲的村人，一个个带有地域特点、时代印记的风俗、习俗和生活场景。这些既是一个从农村到城市的作者私人化的农村生活记忆，也是一个皖北村庄细致清晰的剪影，还是一个从 20 世纪 70 年代末以来农村发展变迁的样本。

对于一个熟悉皖北乡村生活的人来说，这些记忆，都是那么熟悉，而又那么陌生。因为这一片平原上的村庄，数量众多，故事差异性并不是特别大，但正是因为有了记录，才能让大于村变得与众不同。

大于村是继勇兄生活过的村庄。在这里，我们看到的不只是一代人的记忆，它也是中原乡村的写照。

在我们的生活里，乡村生活已经渐渐远去。从乡村走出来，在城市里扎根，多年以后，再回望那一段岁月，就自然而然地勾起了许多的回忆。那些片段，也是中原乡村记忆的一部分。

继勇兄近年来一边做纪录片，一边写文章，这样的状态让人羡慕。在不同的艺术表达中，他都做得游刃有余，且十分精彩。我想，正是因为如此，他的文字才打动了读者，让更多的读者在这本书里找寻记忆，甚至于看到从脱贫攻坚到乡村振兴的历程……

皖北乡村，如今，也正走在崛起之路上。

天津市武清区李各庄村

天津问津书院办的《问津》杂志很有特色，每期一个主题，聚焦天津人文历史掌故、风土人情，别具趣味。我收到的《问津》（内部资料 2018 年第 4 期）中，有一期的主题是"武清乡村老物件"。

武清区位于京、津两大直辖市的中心点，素有"京津走廊""京津明珠"的美誉。从这儿看，是值得一写的地方。

作者侯福志老师，和我曾在天津的旧书摊上相遇过，他就是武清人，可见写的是亲历的地方史。

侯老师在自序里说："2016 年秋天，我去三姐家串门。三姐告诉我说，她们村最近一两年就要拆迁了。她知道我喜欢收藏老物件，就让我到厢房看看有没有需要的。我在厢房里一下子就发现了好多东西，有梳妆镜、耗子夹、人工钻、老相片框、月饼模子，还有她家的'大铁驴'。这些东西多已弃置不用，若不抢救出来，很可能就灭失了。于是，我让外甥帮我进行清理，并请他到邻居家再替我搜罗一下，把他们已经没用的老物件，全都给我弄过来。外甥很用心，不久便把一大堆老物件送到我家里。"

侯老师收集这样的老物件在今天来看也是有着许多价值的，至少可以让我们走进天津乡村的"旧时光"吧。在这本《武清乡村老物件》中，侯老师用 66 篇文章记录了 66 件老物件，大致分为生活用品、穿戴用品、文化用品、娱乐用品、装饰用品、生产用品等类别。可以说几乎涵盖了乡村生活的各种用品。

每一件老物件都见证了乡村的变迁。尤其是在这个时代，它们固然已经不再发挥作用，却已经是乡村记忆的一部分了。

这让我想到，时下的乡村热衷于打造村史馆、村博物馆，像这样的乡村老物件，虽然看着和邻村相差不是特别大，但对一个村庄而言，却具有唯一性，也是最具特色的地方。如果将这些老物件汇集起来，也是难得的生活史。

不过，由于档案意识不强，或者说对老物件的价值缺乏认识，想收集这方面的资料，也还是有很大的难度。比如在乡村，当新房子建好之后，老旧的家具、物件等，因为没有用处，就丢弃了。可是它们见证了一个家庭的变迁，也见证了乡村的变化。我想，在我们城市的社区里，是不是也有这样的老物件遗存呢？是不是社区在打造历史场馆的时候应该收录这部分内容呢？

侯老师的这种生活细微记录，实际是一种"另类乡村历史"。人随着年龄增长，怀旧渐成常态。对绝大多数人来说，也只是"怀"而已，可他还肯花费时间，把这些"旧"记录下来，这不但是时代的有心人，而且是历史的记录者。现在看来，对这类资料的挖掘、整理还是大有必要的。

现在看来，这些细微工作还是很有意义和价值的。倘若在乡村振兴的道路上，多一些对这样的老物件、民俗等内容的整理，也是极具价值的事情。毕竟乡村振兴不只是经济发展，在小康生活的路上，也需要这样的文化风景。

安徽省歙县满川田村

乡村与乡愁是当下学者书写的主题，大有泛滥的趋势，然而对于乡愁的书写常常是简化，欠缺深度的思考，以至于看到的故事大同小异。时下的乡村书写共性太多，这是娱乐时代的文化消解。最近我读汪冬莲的《满川田纪事：乡土中国的农民群像》（中国人民大学出版社

2016年7月），在某种程度上是乡愁书写的延续，图解皖南人的乡村图景。

满川田是黄山脚下的山村，歙县东部，四面环山，有800多年的历史，整个村庄人口近两千人。虽然这是一个小山村，但因有"满川田"牌茶业而具有一定的知名度。随着社会潮流的演变，这个村庄也在悄然间发生了许多变化：婚姻市场的渐变，交通状况的改善，传宗接代观念的瓦解，基础教育的撤并之痛，皖南民居的零落，亲属称呼的流变，传统风俗的遗失，无不是直接指向乡村的变化。满川田从"世外桃源"变得世俗起来，是与这个时代同步的。

经历过巨变之后的农村何往，农业何为，农民何去？虽然现在有不少学者对此提出深入的思考，但对乡村生活伦理缺乏细致的梳理，导致了对当下的城镇化热潮存在单方面的叙述。乡村变迁是一个系统且复杂的工程，涉及的不只是利益之争，还有习俗变迁因素。不管怎样，面临着这个变化，我们的思考不应该只是停留在纸上，而是应该深入当下乡村变化的深处，需要更深刻地思考。

汪冬莲叙述了不同的满川田人进城的过程，一头进城，一头坚守。但这个无疑是不断舍弃的过程。面临着诸多抉择，比如不论是出门打工，还是在家做光棍，这种选择看似微小，却对个人生活影响至深，比如女性的进城易、嫁人不易就说明了进城看似有众多的选择，但可供选择的余地并不太多。这归根结底是个人视野与社会趋势如何结合的问题。但我们可以看到，大多数人在进城之后，迷失了自我，从而不断寻找人生的定位和方向。这个过程无疑充满了艰辛。

相比较而言，留守于土地上的人们，面临的是一种全新的选择。然而，坚守家园会赢得什么？却还是一个未知数。这就好像是回归农业，看似美好，却也是迷惘的事业，面对生态与化学、农药，又该如何选择？

打破既有的框架，让农业回归传统，同样面临着诸多困境。读完这个章节，让人多少觉得有点悲怆。

传承与超越似乎是当下乡村的母题。这个过程又谈何容易？比如满川田的民俗"嬉鱼"的变化，在社会发展中，也是经历了潮起潮落，外界看上去很热闹，但如何更好地传承，却还需要更多的思考。这就像时下所说的"工匠精神"，不是看口号多响亮，而是实质上有着怎样的继承与发展。

作者在序言里说："历史已经把我们这一代人推向了使命的前沿，我们必须传承农耕文明的遗产，又必须超越前30年农业生产在品质上和投入上的倒退和亏欠……以社区为支撑的生态农业生产模式，是拯救化学农业即当下中国的主流农业的唯一出路。"亦有专家认为，稻作文化孕育了中华文明，却在今天遭遇严重的土壤污染和生态破坏，那么，中华文明将何处去？但不管怎样，传承农耕文明就是要知难而上，这就需要我们对乡村"低首虔心，重新体认"。

无疑，满川田是中国乡村的一个缩影，它所代表的不只是农耕文明得与失的探讨，更是在探讨乡村未来的可能性，只有不断地实践，乡村的梦想才能够照进现实。

成都市郫都区战旗村

成都周边的新兴景点也很有不少。有的去过一次，再也不想过去，那是因为假眉假眼的建筑以及街巷，到处都透着商业气息，好像你去只是一个消费者，而未必是文化品味者。如此就呈现出浓烈的商业味，却少了一种古味、文化味。郫都区的唐昌古镇我去过好几次，虽然无河流从此经过，但看看文庙、街巷，乃至于残留的一段古城墙，都让人觉得有历史。明朝时，这里叫崇宁，当时这里还有一位崇宁王。春节期间，我到唐昌战旗村去游逛，偶然在郫县豆瓣博物馆看到崇宁王的塑像，也真让人有时光倒流之感。

读杨虎的《中国有个战旗村》(成都时代出版社2022年9月)，这才知道，战旗村的历史并不算多么悠久。刚走过村口，就看见游客中心，取得景区资料一份，就开始游逛，街巷里已经来了不少人。我刚好留意有一间村史馆，于是先去看看这个。战旗村最初名为集凤村，1965年在兴修水利、改造农田的工作中多次当选先进，成为一面旗帜，故而才有"战旗村"的命名。简言之，这个村名可追溯到1965年，虽然算不上古村落，却因为深具川西坝子的乡村味道，而吸引着各地的旅行者到来，加之有领导人来此走访，更少不了慕名者。去年战旗村开村的时候，小说家刘甚甫就以此为题材创作了一部小说，这让人很期待。要知道，自周克芹先生的《许茂和他的女儿们》之后，四川作家就再也没有关于乡村的有分量的作品，虽然最近几年也有几种"乡村史诗"类的小说，细读之下，倒是让人失望得多。战旗村却与众不同，既有时代价值，又有历史韵味。

在村里有个文化广场，已经搭起了一个舞台，一位主持人引领着演员在进行彩排，台下的凳子上已经坐了一些观众。我这才知道这是灯会开幕式的彩排。我站在那里看了一阵，提前感受到灯会的氛围，倒也是难得的体验。刚进入村口的时候我就留意到，村落里已经摆上了形形色色的彩灯。可这是下午时间，自然体验不了灯会的热闹，却不妨想象着灯会的现实场景。这几年，成都的每个区县都有自己的灯会，在村庄里举办灯会，大约是第一次吧。

在广场的右侧有一个农产品电商服务平台，这才第一次知道战旗村有着丰富的农产品：豆瓣酱、豆腐乳、豆豉、火锅底料、方便火锅……

且有着 18 家绿色农产品企业。我留意到，不少旅行者在此购买这样那样的农产品，这让人体验到川西坝子的物产丰富。旧时，成都就有"金温江、银郫县"之称，现在看来，郫都区的经济也不弱。工作人员介绍说，现在这里的农产品的产值多达 1.2 亿元。一个村庄尚且如此，这让人对当下的乡村振兴充满了期待。

随后，我在战旗村四处游走，看看乡村风貌，村舍早已经过改造，有了全新的面貌，如果不提醒这里是村庄，还让人误以为是经济发达的小城镇。在一处池塘，我看见里面布置了各种彩灯来装饰，若是亮灯之后，也是美轮美奂的乡村风景了吧。

再往前走，即看见了十八个各自独立的建筑，这就是新近打造的景点——"乡村十八坊"了。走进这"乡村十八坊"，如同进入川西平原的一个传统文化大观园，"穿越"到了儿时的老街小巷深处，青砖灰瓦的复古建筑营造出浓郁的川西民俗氛围，榨油坊、酱油坊、布鞋坊、竹编坊、郫县豆瓣坊……一家接一家传统手工作坊令人应接不暇。这些都是郫县的名物特产，就说酱油坊吧，取自崇宁县东门酱园，1949 年后改制为国营酱园，1980 年战旗村聘请国营酱园老师傅为指导，开办了先锋酿造厂，一直延续至今。据《崇宁梦华卷 民俗解读》介绍，这个酱园即道光年间开的"道生昌酱园"，其拳头产品即驰名川西坝子的崇宁红酱油，年产量多达七万斤，而唐昌的凉菜长足发展与此有着密切的关系。这无形之中就增加了"乡村十八坊"的文化含量。

至于唐昌布鞋，那是远近闻名的品牌了，也是川西手工艺的杰出代表，至今已有 700 年的历史，这布鞋制作大工艺有 32 道，小工艺 100 余道，且现在已成为非遗项目。可惜我们到的时候，未曾遇到传承人赖淑芳老师。今天的不少手工艺已逐渐式微，但布鞋却经久不衰，成就了一段传奇。这既跟其与名人有故事有关，也跟其实用耐穿有关。

总之，传统与时尚都由一双布鞋承载了。

在战旗村感受着这浓浓的乡村振兴气息，小桥流水、田园、乡村还依稀飘散着旧时光的味道，但因注入了新理念，故而与传统的村寨区别开来。走在这战旗村，感受着川西坝子的农耕文明与现代文明的融合，就好像看见了美丽乡村的未来。

山东省宁阳县孟家庙村

初夏时节，有些许热意，风轻轻地吹着。恰好在此时读到安宁的《我们正在消失的乡村生活》(黄山书社 2016 年 4 月)，犹如一股清凉之风，又清爽又忧伤。说起来，离开故乡已近二十年，对故乡的印象虽不甚模糊，但感觉已不是印象之中的故乡了。用安宁的话说，是正在消失。

这里讲述的是山东的一个平凡乡村，看似朴素的乡村生活，却有着无数的故事，比如串门、打工等，都给人不一样的印象。事实上，乡村生态有着自己的伦理，其运行规则却是复杂的、细密的，比如脸面问题等，若站在现代社会的角度来看，多有不合理之处。然而对乡村来说，那是一套属于乡村自己的法则。

我的故乡安徽与此相距不远，想来，在乡村风俗上亦是多有相同之处。因之，读来就倍觉温馨。

如今论述故乡，常常是诸如"沦陷""崩溃"等词语来形容。无疑，现代工业革命席卷中国，不只是今日的乡村处于"百年未有之大变局"中，对每个人来说，何尝不是全新的考验呢。安宁在书写乡村生活时，虽有悲观的情绪，但在文章里，我们读到的是一缕缕温情。这是不是意味着这就是中国乡村的真实图景？

这样的追问，却是无解。复杂的社会生活如今也更多地投射到乡村，平静的生活中也有许多不安。由此扩大开来看，那是社会上流行的焦虑病。

是非观点在乡村里鲜明，爱与恨、情与愁，细化在日常生活里。即便是某人一时做了错事，也并不等同于就是坏人，更为靠谱的解释是，不过是一时被利益蒙蔽了双眼。大舅舅与母亲多年不往来，是利益考虑，而母亲与大姨家来往频繁，虽有亲情的一面，但也互相为面子、利益而明争暗斗。这样的书写，正是大多数乡村生活的原生态。

安宁将此生活定义为"正在消失"。这个进程至今仍没有结束。虽然我们不清楚未来会变成什么样子，但可以预见的是乡村生活还会进一步变化。然而，这也是消失的风景。安宁所写的只是乡村的一部分，却是具有普遍性的。

打工潮，在今天颠覆了乡村生活。父亲去打工的地方是山西的"黑煤窑"。二十世纪八九十年代，我所在的村庄亦有去山西煤窑做工的，很能挣钱。

过年的时候，打工者返乡，操着山西方言，其做派也与乡村久居的人不同。感觉上很怪异。第二年，他再去山西煤窑，也带去了几个同村人。然而，他这次没有返乡。不知道他是不是在"黑煤窑"讨生活。他的哥哥用抚恤金盖了一座砖瓦房。从此以后，再也没有人肯去山西打工（哪怕是只要动动手就能捡拾到金子）。

在乡村越来越难以讨生活，所以才有了频繁外出打工吧。不管怎样，乡村就这样被改变了。

乡村里还有一个普遍现象，欠债与讨债。旧历年是讨债的关键时期，一家人等着过年的钱，于是就纷纷去欠债的人家讨债。在我的故乡，尚未有住在欠债者家里的事，这并非因为过于淳朴，而是由于如此也未必讨得来债。如今的企业主与打工者之间的欠债与讨薪并不在此列。

由此，乡村生活的艰辛是我们可想而知的，追寻乡村变革的脚步，财富上的自由才让乡村多了活力。然而这活力却让乡村陷入新一轮的危机当中。

中国乡村生活正在发生巨变，这也引起了不同作家的书写，其视角各异，有的抒情，有的哀悼，有的深挖乡村结构的变革……但也有一个共同点，即对这场变革有着普遍的不适感。因之，每个人根据自身的经验作出这样那样的反应。

安宁在《我们正在消失的乡村生活》中，饱含了温情，对笔下的人物充满了同情。值得一说的是，这是以孩童的视角进行观察，荒诞、复杂，在这样的观察里，生活经验逐渐被消解，乡村生活也由此呈现出不光彩的一面：邻家女孩之所以爱上偷窃，是因为从未拥有那些物件，所以才有了占有欲。即使遭其父亲的打骂，却仍然改变不了这样的习惯。是性情使然吗？还是另有他因？安宁没有交代，却引起我们更多的深思。

诚然，乡村生活有美好的一面，也有不美好的一面。安宁的笔下，是不一样的乡村生活。那里有着中国人的普通生活方式。当温情逐渐消失之后，乡村还剩下什么呢？

甘肃省甘谷县朱家山村

如今，谈论乡愁是时髦的话题，但每个人的乡愁无疑是各有风味的。关于故乡的书，也林林总总收了一些。朱子一的《阳坡泉下：面对大西北的乡愁》（语文出版社 2015 年 7 月）是最新的一种。责编谢惠老师知道我的这种"故乡情结"，特意寄了一本。

谈论乡愁，大致是两种：一种是地理上的乡愁，比如村庄，比如故乡。

一种则是文化意义上的乡愁，这类的内容更为宽泛，但有时不免宏大，读来少了点味道。但不管怎样，似乎今天能有这类乡愁的人是不多见的。我想，这大概与我们无法回到曾经的故乡有关。

朱子一的故乡在西北，一个小山村。他絮絮叨叨，叙说故乡情事，读来多少有些新鲜，又有些似曾相识。谢老师说，此书从家族的传说开始落笔，一直书写到当下的生活现实，包括了家族的迁徙、繁衍和生息，以亲历者的视角深刻解析了西北人传统生活的风物风貌，也从小处真实地描写了西北农村的风土民情，细腻地展现了一幅触手可及的西北农村历史画卷。

谈论乡愁，不是哀悼，而是如何才能寻找到精神家园——那一种情感或许更为要紧一些。如今，乡愁似乎越来越多，这不只是因为乡村变得陌生，还是乡村的传统在渐渐消失，取而代之的是一种混乱，而新秩序还没有重建。

走过黄永玉的故乡，走过十年砍柴的故乡，走过冉云飞的故乡，走过朱子一的故乡……这大概是一个中国文化人的故乡谱系吧。不知道是不是有学者以此为题，认真地研究中国人的"故乡学"。

故乡，虽然在现实生活中可能面目全非，但她活在记忆、影像、文字里，构建成另一个故乡。这也是一件幸事吧。当我们距离文化传统越来越远的时候，这种回眸，应该是一种精神回归吧。

江西新余市林溪村

关于故乡，注定是有说不完的话题。在不同的视野里，故乡所呈现出来的面貌也有着差异。江西作家胡永良的散文集《从篱笆到围墙》（广东人民出版社2014年8月）亦与故乡相关，其副题为：一个村庄"被现代化"的背影。

书中记录的林溪,在城市化进程中逐渐工业化,高楼大厦、厂房、通衢大道,日益异化,乡村的传统风景逐渐丧失。事实上,关于一些乡村的没落,似乎是不可避免的过程,如何调适乡村与城镇化,是一个亟须解决的命题,这不仅是人口的转移,而且涉及乡土文化的未来,更为坦率一点说,如果乡村离开了土地,它就不能再被称为乡村,那么身份转型所需要解决的问题依然众多,诸如社会保障、就业等,可能需要更多的思考。

胡永良所谈论"被现代化"的林溪有三个维度:一是它是作者生活了二十多年的故乡;二是一个农业社会向工业化社会过渡的典型范本;三是一个存在了千年但最终消失的村庄。对乡村的理解,或许在未来会是一个象征,一个符号。

在乡村振兴的大背景下,林溪村只是众多乡村的一景,通过胡永良的回望,让我看到乡村在"被现代化"过程中,留下的侧影,清晰而又模糊。但随着乡村步伐的加快,也让我们看到乡村的未来。

后记

1

作为从乡村走出来的作家，我似乎对乡村有着天然的情感。在我所接触的乡村生活中，受益最多的是从乡村中学习到许多的生活智慧、经验。

随着乡村振兴的持续推进，不少乡村已经发生了天翻地覆的变化。比如我出生的乡村，在过去是贫困村。近年来，交通得到了极大的改善，道路、桥梁的修建和维护，让村民的出行有了更多的便捷。而居住条件更是如此，在过去，村民的自建房，可能更多的是从实用考虑，而现在在追求实用的同时，也讲求建筑的科学、美观。乡村的这些变化，是多少年来少有的现象。

这或许只是一个乡村千年变迁的缩影。由此，我们却看到大美乡村时代的到来：乡村的变迁也预示着乡村进入和美时代。

2

每年的春天，诗人文佳君都会邀请朋友们去往他的乡下旧居——聚源镇的三星村。在那里，我了解了许多的乡村故事。也许是距离城区太近，所以感受不到乡村的落伍，因为修建成都都市圈环线高速，这里也在悄然发生变化：田野变得越来越珍稀，生活水平的提高，让种庄稼成为乡村业余生活的"点缀"。

在更早以前，我在都江堰文化大家李启明的笔下，读到他写这一带的风景。那一派田园风景，再也回不来了。当我在三星村里闲逛时，看到的是院落疏离，各有风景。这样的景致在川西坝子上，还是随处可见的。

不过，成都的东山却是另一种场景。自湖广填四川以来，一大批外省移民来到了东山这一带，耕读传家，让这里的荒山变成了良田，从而孕育了独具魅力的客家文化。

2022年4月，偶然间，我走进龙泉驿区西河街道的卫星村，虽然这里距离西河地铁站只有数千米之遥，道路破旧，如果是早高峰的时候，逼仄的道路还会遭遇塞车，这颇出乎我的意料。在我的印象中，龙泉驿区的乡村早已是现代化了。

这当然是个别现象。其实，成都周边的乡村，因为平坝、山丘的差异，可能在经济发展、文化挖掘等方面也存在着巨大的差异。这样的差异，也就注定了乡村发展的不均衡。成都尚且如此，其他边远区域的乡村可想而知。如何才能改变这样的状况，无疑需要有一个具体的方案才行。

在观察乡村振兴的过程中，我也多次深入不同的乡村去探索，寻求答案。这种寻找，当然是期望呈现出乡村振兴过程中的各种生态，它们互相存在，且影响着这一变化的可能性。

虽然说乡村走什么样的路，或许是千差万别，但归根结底，让乡村变得更加和谐、美丽，是一个不懈的目标。

3

在关注当下乡村振兴的同时，我自然而然地会联想到起源于20世纪20年代的乡村建设运动。据南京国民政府"实业部"的统计，先后有团体和机构600多个，在各地设立的实验区有1000余处，其中著名的有晏阳初领导的中华平民教育会的定县实验、梁漱溟的山东邹平实验、俞庆棠和高阳领导的江苏省立教育学院的无锡实验、黄炎培领导的中华职业教育社的徐公桥实验等。

三农专家温铁军先生曾说，乡村建设最初源起于张謇的南通实验，南通在综合发展的时候实行的是村落主义。其中最值得高度关注的是如何把人的因素调动起来，把农民的积极性调动起来，让农民成为乡村建设行动的受益者，农民才能成为参与的主体。2021年写在中央一号文件中的内容，强调了如何改善农村基本建设的条件，如何改善农村的居住条件，如何推进生态环境的建设，如何宜居，提出了各种各样建设的内容，以及县域综合发展方案。百年乡建，寻源上溯至十九世纪末，中国工业化起步，并且第一次遭遇到挫败，那个时候恰恰乡村建设变成了一个应对洋务运动工业化挫败危机的方式，社会上开始了以村落主义为核心的乡村建设，以在地化的综合发展来改变原有发展模式的努力。这个努力历经一百多年，一直延续，我们应当认真地去做归纳总结和提炼，服务于正在开展的乡村振兴国家战略，服务于即将推行的新的乡村建设行动。

在成都，乃至于四川，都有乡村建设的案例，甚至于还编辑乡村建设的报刊，总结经验，这对于推动四川的乡村建设发挥了一定作用。然而，四川的乡村建设实验所引起的学界的关注并不是特别多。

1937年，晏阳初领导的平教会与四川省政府合作成立新都实验县，其主要工作是改革县政、清丈土地和乡村建设。但是新都实验县成立不足两年，就爆发了"围城"事件。当地民众聚集反对实验县，直接原因是实验县不仅丈量黑地，还要征收土地清丈费、土地证费等。新都实验在乡村建设方面还未取得成效，就先被其自身构建的庞大基层组织机构、耗费的巨大改制成本及这些成本被进一步转嫁给民众而导致地方势力借此反抗酿成的群体性事件摧毁。这是让人遗憾的事情。

今天来看，民国时代的乡村建设最终搁浅，原因多样。但他们探索的过程，体现了知识分子改造乡村的朴素愿望，他们提出的乡村现代化、文化复兴等理念，依然在今天有着重要的借鉴价值。

因此，将当下的乡村振兴放置到百年乡村建设历程中来观察，更能看到这一场乡村运动的价值与意义是怎样的，也更能客观地看待这一场由上至下主导的乡村剧变。

4

有很长一段时间，我泡在天府人文艺术图书馆里，翻阅不同的书籍，专家们的学术意见对我有很大的启发，在书籍中，我期望从乡村发展的过程中，寻求更多的可能性。今天的乡村振兴不只是一种实验，更为重要的是直接推动乡村的变革。

乡村振兴的模式可能多种多样，但最为根本的一点，就是让乡村受益。这让我想起温铁军先生的一个观点：讲乡村建设行动的时候，有很多值得借鉴的百年乡村建设的经验，其中最值得关注的是以人为本。近年来，我通过从事乡村振兴相关工作的朋友处了解四川在这方面的探索。于是，就接触到了三加二乡创联盟。这几年，我跟他们一直保持联络，到一些点位去，住下来，观察乡村的变化。这让我想起作家柳青为了创作《创业史》，扎根陕西皇甫村 14 年的往事。今天的作家虽然很难有充足的时间在乡村扎根下来进行文学创作，但却可以通过不同的视角来观察，故能发现乡村变化的细微之处。

乡创，是 2015 年相关业内人士提出的概念，但进行系统研究，并整理出一套教程出来，唯有三加二乡创联盟做了这件事。即便是教程，也要有普及性，也需在实践中进行不断地检验。

于是，一个个项目开启，这种实践让我们看到乡村的原生态是怎样的，村民们在这个过程中，又是如何成为中坚力量的。从他们的身上，我看到了乡村振兴的可能性。

虽然在这里我没有着重去写地方政府如何主导着乡村振兴，但从一个个案例可以看出，正是得益于地方政府的支持，乡村振兴的步伐才能迈得快一些，效果也更明显一些，反之，就有可能是另外的效果了。

5

当看到三加二乡创联盟持续推动乡村建设时，我感受到乡村振兴的难与易，挫折与欣喜。这一个过程是艰辛的，却也收获了快乐，因为乡村从此变得与众不同。

在这部《在希望的田野上逐梦》里，我努力通过不同的视角去看待这场乡村建设运动，期望更好地看待这个过程。在写作这本书的过程中，也得到了三加二乡村联盟的各位老师的指导和支持。那些动人的细节，在我看来，正是乡村变迁的生动写照。

诚然,在某种意义上,乡村振兴,是在向乡土和传统致敬。而《在希望的田野上逐梦》即是向推动乡创的人们致敬了。

二〇二二年五月九日